みんなの ラクうま 献立日記

作りおき＆下ごしらえで、
3食おいしい手作りごはん。

SE
SHOEISHA

はじめに

　この本は、日々の手作りごはんを楽しんでいるブロガーさん＆インスタグラマーさん18人の献立をまとめたものです。1週間、10日など、それぞれの暮らしを切り取るように、食卓の様子を見せていただきました。

　共働きでも朝の1時間で下ごしらえをして3食手作りしている方、週末の作りおきを活用している方、一汁一菜で作りたてごはんを楽しんでいる方など、忙しい毎日でも工夫しておいしいごはんを楽しんでいる方ばかりです。

　季節の食材を使ったサンマご飯や焼きたてのスコーン、目にも楽しいお子様定食、夫婦のおそろい弁当、ホットプレートで作るアイデアごはん、ハワイ暮らしで覚えたハワイスタイルの料理など。食卓の写真から、その人の個性と暮らしが感じられる献立の数々を収録しました。

　作りおきや下ごしらえ、手軽にできておいしいレシピなど、パラパラと眺めているだけで楽しく、毎日の献立作りのアイデア集としても役に立つ一冊です。

Contents

Contents

01 あずきとおもちさん
azuki to omochi

➡ Instagram user name 「azuki_omochi」
https://www.instagram.com/azuki_omochi/

家族構成	
夫、自分、犬のあずきとおもち	
食費について	1日のうち調理にかかる時間
毎月4万円	1時間〜1時間半

楽しく、笑顔の多いごはん時間にしたい。

夫とあずきとおもち。2人と2匹の暮らしです。器と犬と食べることが大好きです（*^^*）。私の献立のよいところは、カロリーが高いところ（笑）。だしも水も使わない肉じゃがなど、かんたんでおいしい料理が得意です。副菜は前日や朝に作りおきして、夜はメインのおかずだけ作るようにしています。

▶ 献立へのこだわり
できるだけ旬のものを取り入れるなどして、楽しく笑顔の多いごはん時間にしたいと思っています。
▶ 献立の決め方
冷蔵庫の中身をメモしておいて、献立を決めています。

▶ 2017/03/19

 トンデリング

豚肉リングステーキ／パプリカとツナのサラダ
さつまいもと玉ねぎのみそ汁／ツナとにんじんの
炊き込みご飯

豚肉リングステーキ、その名も「トンデリング」。クックパッドで見たレシピです。かわいいだけじゃなくて、おいしいんですよー（*≧∀≦*）オススメレシピです〜。パプリカとツナのサラダは、切ったパプリカとツナ缶をレモン汁と塩・こしょうで和えただけっていう、かんたんクッキングです♪ 超絶かんたんですが、さっぱりしておいしいんです。

▶ 2017/03/22

 韓国ごはん

かんたんビビンバ／かんたんニラチヂミ／キムチの
せ冷や奴　チョレギサラダ

レシピのおかげでサクッ＆もっちりのおいしいチヂ
ミに。レシピ様様。実家にいる頃、家に帰ったとき
のご飯の炊ける匂いやおかずの匂いが大好きで、「今
日のごはん何ー？」って帰るなり母に聞いていまし
た。大したものは作れませんが、そんな家庭にした
いなって思っています。

▶ 2017/03/27

 春野菜ごはん

豚とかぶの甘辛炒め／若ごぼうの炒め煮／カリフラ
ワーのマヨネーズ和え　春菊のごま和え　菜の花と
玉ねぎのみそ汁／豆ご飯

毎日夜になると頭痛、くしゃみ、目のかゆみがひど
くなる。そんな私を見て「ごめんなぁ、花粉症じゃ
なくて申し訳ない気持ち！」とか言ってくる夫の発
言にかなりイラッとするんですが……。同情はいら
ん。むしろむかつくわー……。

▶ 2017/03/30

 友達とヘルシーランチ

鶏のつくね／にんじんサラダ／ブロッコリーとツナ
のサラダ／ズッキーニとじゃがいものマリネ　水菜
と豆腐のみそ汁／ひじきの炊き込みご飯

友達が家に遊びに来てくれたので、一緒にお昼ごは
ん。主婦の大先輩に私のテキトーごはんを食べても
らうのは毎回少し緊張する。食後のデザートとして
最終兵器（一心堂の「フルーツ大福」）も用意しま
した！

▶ 2017/04/01

 初めての粕汁

サケのムニエル／新玉ねぎとトマトの
サラダ／天かすのせ冷や奴　粕汁／春
菊の混ぜご飯

この間友達に粕汁おいしいよって教え
てもらって、初めて作ってみた。食わ
ず嫌いやったみたい！　めっちゃ好き
になった！　粕汁っておいしかったん
やね！　サケのお皿は食器棚の奥深く
に眠らせていたのをひっぱり出して、
久しぶりに使いました～。

▶ 2017/04/02

 2日目の粕汁

なすと厚揚げの照り焼き　きゅうり、
トマト、オクラ、ミョウガの和え物／
白菜の浅漬け／粕汁　春菊の混ぜご飯

2日目の粕汁うまー！　今日はあずきを
連れて（犬の散歩がてら）町会費6000
円を集めてまわりました。お隣さん以
外ほぼ知らない家ばかりなので、「は？
今時分に町会費？」とあからさまに詐
欺か何かと疑われたりしてもう嫌だ！
ハートブレイク！

 2017/04/05

夜 **ピリ辛鶏料理**

赤い鶏さん／ほうれん草としめじのおひたし／菜の花のわさびマヨ和え／かぼちゃのポタージュ／雑穀ご飯

「赤い鶏さん」はクックパッドのレシピ。ピリ辛うまー。クックパッドのなかでも超人気レシピなだけあって、ほんまにかんたんにできておいしかったです！赤い鶏さんの名前に偽りなし！　おすすめでーす。

 2017/04/06

夜 **大好きなミンチで甘辛つくね**

甘辛つくね／ごぼうとにんじんのサラダ／ほうれん草としめじのおひたし／さつまいもと干ねぎのみそ汁／雑穀ご飯

私、ミンチの料理が大好きみたい！ミンチばっかり買うからアダ名ついてそう……。昔、野菜ソムリエの勉強をしたときにねぎの栄養価の高さに驚いたことがあるんです（どうすごかったかは忘れたw　資格の意味w）。それ以来ねぎ意識高めです〜！（笑）

 2017/05/03

夜 おにぎりで
ほっと一息

鶏むね肉のオイマヨ和え／タラコにん
じん／高野豆腐の玉子とじ　キャベツ
とにんじんのみそ汁／おにぎり

- -

昨日はあっこちゃんとあかねちゃんと
信楽へ。器大好き3人であーでもない
こーでもないと言いながらウキウキら
んらんショッピング。見応えたっぷり
で楽しかった〜！　沖縄そばおいしかっ
た〜！　だこさんに会えてうれしかっ
た〜！

 2017/05/04

夜 地味なそぼろ丼

そぼろ丼／レタスとトマトのサラダ／
タラコにんじん／中華玉子ワカメスープ

- -

炒り玉子を作る手間を惜しんだ結果、
地味な色合いになってしまった……。
丼とタラコにんじんに使っているのは
信楽で作陶されている清岡幸道さんの器
です。清岡さんの器はシンプル＆シャー
プでありながら温かみがあって、料理
をおいしそうに見せてくれる魔法の器
です。

▶ 2017/05/06

 揚げない
コロッケの罠

鶏肉とさつまいも炒め／揚げないコロッ
ケ／キャベツとハムのチーズスープ／
雑穀ご飯

フライパンでパン粉を炒るときに少し
油を使うと、パン粉がカリッとなって
おいしくできました。揚げないから罪
悪感が和らいで、考えた人は天才です
よね。揚げないからヘルシーだと思う
まやかしー！　食べすぎてしまう罠!!

▶ 2017/05/08

 豚とねぎの
マッチング

白ねぎの豚肉巻き／味付け煮玉子／新
玉ねぎとトマトのサラダ／さつまいも
とれんこんのデパ地下風／しめじと玉
ねぎのみそ汁／雑穀ご飯

白ねぎの豚肉巻き、めちゃくちゃおいし
かった!!!　豚にねぎ合う〜〜（*゜Д゜）
←ひと口食べてこんな顔になりました！
私のクックパッド史上、歴代ナンバー5
に入るレシピかも。だまされたと思っ
てぜひ作ってみてほしい一品です！

 2017/05/14

夜 **肉じゃがの
原点レシピで**

だしも水もいっさい使わない肉じゃが
／ほうれん草のごま和え　ごぼうとに
んじんのサラダ　さつまいもと玉ねぎ
のみそ汁／雑穀ご飯

- -

ほかのレシピに浮気しても必ずこのレ
シピに帰ってくるという。肉じゃがレ
シピの原点といっても過言ではないと
思う。このレシピで作ったらじゃがい
もがホクホクで超オススメ！　ごぼう
サラダを入れている器は清岡幸道さん
の、人気のグラタンボウルです！

 2017/05/17

夜 **肉巻きでうまうま**

ピーマンの肉巻き　小松菜とツナのサ
ラダ　トマトの冷たいだしびたし／し
めじと玉ねぎのみそ汁　雑穀ご飯

- -

クラシルで見たレシピに挑戦。かんた
んうまうま～！　クラシルとかデリッ
シュキッチンとかの動画見てると、料
理意欲がみなぎってダイエットがいつ
までたってもできないよ、ワーン！
トマトのだしびたしはトマト好きなら
ぜひ。冷蔵庫でキンキンに冷やして。

▶ 2016/05/19
インパクト◎のメンチカツ

半熟玉子入りメンチカツ／大根サラダ／ポテトサラダ／
しめじと豆腐のみそ汁　雑穀ご飯

- -

メンチカツは「キューピー3分クッキング」のホームペー
ジで見たレシピ。見た目のインパクト◎でした。メンチカ
ツを割ったら、中からとろ～り半熟玉子♥　やばいね～。

▶ 2016/05/20
豚こまで揚げない酢豚

揚げない酢豚／大根ステーキ／ポテトサラダ　しめじと
豆腐のみそ汁／雑穀ご飯

- -

普通の酢豚より豚こま団子のほうが好き。チーズの大根
ステーキ、初めて作ったけど予想を裏切るおいしさ！

▶ 2016/05/23
ナンでカレー

キーマカレー　水菜と油揚げのチーズサラダ／ナン／い
ちじく

- -

休日お手軽晩ごはん。デルソーレの「手のばしナン」。
トースターで少し焼いたらフカフカのウマーでした。

▶ *mini column*
これからの献立

かんたんなものしか作れないので、もっ
と手の込んだお料理にも挑戦していき
たいです。

レシピはクックパッドを参考にする
ことが多いです。白ねぎの肉巻きは
ベスト5に入るレシピ。夫も「おい
しい」を連発していました。

02 **mika**さん
mika

→ Instagram user name 「mi_ka1212」
https://www.instagram.com/mi_ka1212/

家族構成	
夫、自分、長男20歳、次男16歳	
食費について	1日のうち調理にかかる時間
毎月6万円くらい	1～2時間くらい

下ごしらえと
作りおきで、
品数の多い献立に。

大阪在住。主婦歴22年です。旦那と息子2人との4人家族で、買い物と器が大好きなアラフィフ主婦です。楽しみながら毎日のごはん作りに奮闘しています。野菜は洗ったり、ゆでたり、塩もみしたり……かんたんな下ごしらえをして、煮物は多めに作っておきます。お弁当用に冷凍も。こうしたこまめな工夫で、品数を多くしています。

▶ 献立へのこだわり
おかずを4種類は作るようにしています。
▶ 献立の決め方
冷蔵庫、冷凍庫にある食材で決めています。

▶ 2017/04/27
【朝】ラピュタパンで朝ごはん

ラピュタパン（マヨネーズ、ベーコン、目玉焼きの順に重ねる）／サラダ／野菜ジュース

- -

食パンも目玉焼きも、別々に食べるのもいいけど一緒に食べてもおいしいよね～。食パンにマヨネーズ塗って、ベーコンと目玉焼きをのせるだけ！かんたんだしおいしいです。

▶ 2017/04/29

夜 カラフル 手まり寿司

手まり寿司／買ってきたメンチカツと
えびフライ／プチシュークリームタワー
／作りおきおかず

- -

世間はゴールデンウィーク。我が家は、
旦那は仕事、次男はバイト、長男は彼
女とデート。手まり寿司は、今回は少
し小さめに作ったらいい感じに。ネタ
はサーモン、たい、イカ、えび、マグ
ロ、ぶり。トッピングは「とびっこ」、
ラディッシュ、きゅうり！

▶ 2017/05/01

朝 間違いない いちごサンド

いちごサンド／ミックスサンド

- -

フォロワーさんのところでちょいちょ
いお見かけして、作ってみたかったい
ちごサンド。生クリームといちごだか
ら間違いない（笑）。やっぱりおいしー
♥ 昨日で4月もおしまい。そして今日
から5月。

▶ 2017/05/03

朝 **生ハムおにぎり**

生ハムおにぎり／サバの竜田揚げ／アボカド／新じゃがのチーズ焼き／マリネ／オレンジ

- -

生ハムってだけで、おしゃれに見えるよね（笑）。お肉料理が多い我が家ですが、サバの竜田揚げも人気でした！

▶ 2017/05/06

昼 **ミルフィーユカツ**

ミルフィーユカツ（大葉、チーズ、豚薄切りロース肉）／キャベツのせん切り／明太子の炊き込みご飯／ピーマンの塩こんぶ和え／きゅうりの酢の物／エリンギとアスパラのマヨ炒め／豆腐と新玉ねぎのみそ汁／いちご

- -

GW中はほとんどお料理せず……。来週からがんばろっ！　豚ロースもらったから、ミルフィーユカツにしてみた！これからやったら冷しゃぶもいいね。明太子の炊き込みご飯はフォロワーさんのところで見て作ってみました！明太子、お酒を少し入れて。明太子の量はお好みで。

▶ 2017/05/08

朝 連休明けの朝ごはん

冷凍してあったハンバーグ／キャベツのせん切り／ほうれん草のごま和え／にんじんナムル／のり、高菜、明太子のせご飯／ワカメのみそ汁／みたらし団子／いちご

- -

長いGWもやっと終わり。通常通りの生活に！　休みやとついつい食べ過ぎてダラダラの生活。絶対、肥えた。月曜日！　家事がんばろうっ！

▶ 2017/05/09

夜 BBQ気分のごはん

たいの切り身でアクアパッツア／ズッキーニ、パプリカ、ミニトマトのマリネ／ベビーリーフと紫キャベツのサラダ／ハッセルバックポテト

- -

この時期、息子たちが小さい頃はよくBBQをしに行ってたけれど、大きくなるとなかなか……。なのでお家でBBQ気分でいろいろ作ってみました！

▶ 2017/05/11

夜 スキレットでビビンバ

スキレットビビンバ／キムチ、チーズ、玉ねぎ、豚肉入りチヂミ／チャプチェ／サラダ

- -

スキレットで作るとお焦げができておいしいんですよね〜。スキレットに、ごま油→ご飯→具材の順にのせて火にかけるだけです。

▶ 2017/05/13

朝 **まん丸
コーンおにぎり**

バターしょうゆコーンおにぎり／えの
きと豆腐のみそ汁／しいたけのチーズ
焼き／チキン／ぶりの塩焼き／ポテト
サラダ／トマト

- -

バターしょうゆは間違いないです（笑）。
最近購入した人気のざる。和やけどシュ
ークリームをのせてみました！　やっ
ぱりデザートがあるとうれしい。

▶ 2017/05/15

朝 **高菜と玉子の
2色丼**

ピリ辛高菜と炒り玉子の2色丼／ブロッ
コリーとカリカリベーコンの粒マスター
ド和え／厚揚げのマヨチーズ焼き／ウ
インナー／新玉ねぎのスープ／さつま
いもの甘露煮／アメリカンチェリー

- -

昨日は母の日してきました！　親から
は「あれ持って帰り〜」「これ食べる
か〜」といろいろと持たせてくれます
（いつもありがたい）！　そして長男の
彼女からのサプライズもあって、うれ
しい母の日でしたー。

▶ 2017/05/17

朝 バゲットに
ひと工夫

バゲットにきんぴらごぼうとチーズを
のせて／目玉焼き／カリカリベーコン
とブロッコリーのマヨ粒マスタード和
え／サラダ／さつまいもの甘露煮／二
層コーヒー／キウイとアメリカンチェ
リーのヨーグルト

- -

バゲットが惣菜パンみたいでおいしい！
今度は食パンでやってみる〜。ちょっ
と混ざってる二層コーヒーは今度リベ
ンジ。

▶ 2017/05/18

昼 トルコライス

トルコライス／サラダ

- -

今日のお昼はお弁当の残り物で、がっ
つりトルコライス！　トルコライスは
長崎のご当地グルメらしく、ごはん、
パスタ、豚カツなどの炭水化物てんこ
盛り。揚げ物も入ってめっちゃ高カロ
リー。

▶ 2017/05/20

昼 **ちょっとずつのごはん**

えびチリ丼（お弁当の残り物）／焼き鳥（夕飯の残り物）／枝豆／オクラの麺つゆおかか和え／ひじき煮（作りおき）／たくあん／すいか

- -

朝昼兼用ごはん。残り物と作りおきをちょっとずつ盛って。我が家の焼き鳥はちょっと大きめ（笑）。人気は軟骨、砂ずりです。

▶ 2017/05/21

昼 **キットで手軽に**

ジューシーそぼろと野菜のビビンバ（オイシックス）／小ねぎとのり、豆腐の韓国風スープ（オイシックス）

- -

Oisix（オイシックス）のキットを使って。こういうキットは初めて。再現レシピ付きで20分くらいででき上がり。我が家の2人ランチにはピッタリでした！

▶ 2017/05/23

昼 **チキン南蛮**

チキン南蛮（昨日の残り物）／ピーマンの塩こんぶ和え（作りおき）／ズッキーニとパプリカの焼きびたし／丸ごとトマトのおひたし／焼きザケのせ玄米ご飯　豆腐とワカメのみそ汁／アメリカンチェリー

- -

早めの昼ごはん。ピーマンの塩昆布和えはレンチンでかんたんに。我が家は鶏肉料理が多いのでチキン南蛮もよく作ります。

▶ 2017/05/25

昼 **冷やしうどん**

冷やし天ぷらうどん（えび、アスパラ、
なす、玉ねぎ、ちくわの磯辺揚げ、半
熟ゆで玉子）／自家製麺つゆ

- -

冷やしうどん始めました。盛り付けが
難しい。月曜からテストやった次男も
今日で終わり。次は結果……。

▶ 2017/05/27

昼 **ソースカツ丼**

ソースカツ丼／半熟ゆで玉子／ミニト
マトのマリネ／ちくわの大葉巻き／お
花たくあん／れんこんのカリカリチー
ズ焼き／豆腐と揚げのみそ汁

- -

ソースカツ丼は私のお昼ごはんの定番
に（笑）。かんたんやし、おいしいも
んね～。れんこんのカリカリチーズ焼
きも安定のおいしさ。たくあんのお花
は思いつきでやってみた！　たまには
かわいく。今日は検診やらで病院のは
しご。何か、疲れた。

03 rinaさん
rina

➡ Instagram user name「rina_kitchen」
https://www.instagram.com/rina_kitchen/

家族構成	
父、母、妹	
食費について	1日のうち調理にかかる時間
1カ月4万円ほどを目安に母が管理	1時間半ほど（お弁当＆朝ごはん）

バランスよく
野菜たっぷりで、
食べたい
ものを作る。

料理と勉強に励む日々を送る料理バカな女子大生です。朝ごはん、お弁当、夜ごはんと、時間を見つけてはキッチンに立っています。アレンジできるようにシンプルな料理を作るなど、毎日同じ献立にならないように工夫。彩りよく、見た目も楽しめるようになるべく5つの色が入るようにしています。

▶ 献立へのこだわり
彩りよく、バランスよい献立を立てるように心がけています。見た目も楽しめるように工夫したり、できるだけアツアツのできたてを食べられるようにしています。

▶ 献立の決め方
冷蔵庫にあるもの、ストックしてあるものを見て決めます。家族のリクエストに応えることもあります。

▶ 2016/07/16

昼 **アメリカンサラダ**

サラダ（ベビーリーフミックス、ミニキャロット、ミニトマト、きゅうり、パプリカ、アボカド、サーモンのレモンバターオーブン焼き、いちご、ブルーベリー）

- -

アメリカ短期留学初日。塩・こしょう、オリーブオイルでシンプルに◎　どの食材もすでに洗ってあったりして、本当に盛るだけ、入れるだけで楽ちん！　冷蔵庫素晴らしくデカイし、2台もあるうえに普段目にしない食材でいっぱい♥　パントリーとか興味津々過ぎて長いこと眺めていられる自信あり。

昼 **スキレット**
卵かけご飯

卵かけご飯　だし漬けトマト

スキレットで！　だし漬けトマトをど
ーんとのっけて。解凍した冷凍卵の白
身をご飯と混ぜると、ふわふわ◎　黄
身はトッピングで。タレは、お肉のう
まみがギュッと凝縮した甘辛酸っぱダ
レ。色々トッピングを楽しんだら、最
後にあられとおだしを入れてお茶漬に
しまーす。

朝 **ヨーグルト**

ヨーグルト／フルーツ／ナッツ／シリ
アル

日本よりかためなヨーグルトに色々フ
ルーツをのっけて、ナッツにシードを
トッピング。この時期、日本では売っ
てないいちごが普通に売ってる!!　は
しゃいだよね。ブルーベリーも日本よ
り断然の安さ。なんかきれいに並べて
ますが、この後ドサッとシリアル投入。

▶ 2016/07/20

昼 **ハイキング**

炊き込みご飯／なすとパプリカのトマト炒め／にんじんの甘酢漬け／ミニトマト／紫いもボール／キャロットラペ／花きゅうり

お弁当。夜8時30分過ぎでも、外はまだ明るいんですのよ。今日はハイキングに行ってきました。ホストファミリーのママがわざわざお米を炊いてくれたので、お弁当作って持っていきました◎

▶ 2016/07/22

昼 **ズードル**

ズッキーニ麺のタイ風スープ

ズッキーニで作ったヌードルの、タイ風スープ。ホームステイ先のお母さんが作ってくれた一品。アメリカでは野菜を麺にするのが普通なようで、野菜ヌードルカッターを持っているそうですよ。盛り盛りパクチーにライムを絞って、シラチャーソース（タイのチリソース）をたっぷりかけて。

▶ 2016/07/23

昼 **わんぱくサンド ロス**

わんぱくサンド（紫玉ねぎ、タラモサラダ、ミニトマト、キャロットラペ、厚切りトマト、辛子マヨネーズ、スライスハム、スライスチーズ、ツートン玉子焼き、ダブルキャベツのコールスローサラダ）

- -

どーん◎　わんぱくサンド。とっても分かりにくいけども玉子はツートンなんです。アメリカに来てもうすぐ2週間。ホームシックにはなっていないものの、なんとまあ、わんぱくサンドロスでございます。

▶ 2016/07/24

 どーんと唐揚げ

鶏唐揚げ

- -

どーーーん!!　と唐揚げです。ホストファミリーに作りました。作りましたよ、1.5kg。まさかの骨付きお肉で、骨を外す作業からスタート。そして骨を外したことにより、一体お肉は今何kgなのか、まるでさっぱりから分からなくなりまして。みんな、おいしーってうるさいくらい、いえ、とろけるくらいな顔で喜んでくれて、やっぱり骨外してよかった。

▶ 2017/06/21

 フライド大根

玉ねぎと鶏そぼろのオムレツ／フライド大根／カニカマのサラダ巻き ゆずジュレソース　いちご

夕方に全くの想定外な事態が起こりまして、急遽夜ごはんを作ることに。急いで帰ってきてバッタバタ。マッハで作りました。そんなわけでお疲れ様モード全開、今日の仕事はもう終了気分でございます。閉店ピシャリ。

▶ 2017/06/23

 お疲れ金曜日弁当

焼きザケ　豚唐揚げ／グリルそら豆とエリンギ／だし巻き玉子／茶巾カボチャ

よ〜し！　やっとこさ金曜日。忘れ物に気付き、朝からダッシュで体力全て持っていかれまして。隠しもせずに疲労感どーんと出してますが、金曜日がんばります。あれですね、忘れ物に気付いたことは褒めることとします（それだけそこだけ）。

▶ 2017/06/24

 トーストアート

トースト／クリームチーズ　ジャム　など

トーストアート。昨日は朝からダッシュでヨボヨボだったせいか、夜11時には課題やりながら寝落ち……。お母さんが引っ張ってベッドに運んでくれたらしいです（記憶なし）。起きたら9時。10時間も死んだように寝ていました。

朝　昼　[夜]　作りおき

（左から順に）そら豆とショートパスタのジェノベーゼソース／塩ラーメン風春雨サラダ／スパイシートマトビーンズ／キャベツのごまマヨサラダ／ミニトマト／コーン／きのことピーマンのパクチー炒め／しそきゅうり／ワカメとこんにゃくのだし煮／豆腐とひじきの落とし揚げ／油揚げの炊いたん／花にんじんの甘酢漬け／塩ゆでそら豆と枝豆／花玉子／フライドポテト（おまけ）

- - - - - - - - - - - - - - - - - - -

久々の作りおき。10品でもちょこっとでもいいからやっておきたいと思うのですが、なかなか思うように時間がとれない、ここ最近。

▶ 2017/06/26

[夜]　萌え断
　　　ロールフライ

野菜とチーズのささみロールフライ／サラダ／納豆　野菜スープ／ご飯　など

- - - - - - - - - - - - - - - - - - -

野菜とチーズのささみロールフライ。熱々をハフハフしながら食べるのがおすすめ。淡泊なささみを見た目にも楽しく、おいしく食べようと思い作った料理。カラフルな野菜を巻くことでわくわくする断面になります。

▶ 2017/06/28

昼 サンドイッチ弁当

バゲットサンド（トマたま、サバカレー・パクチーソース、玉子ときゅうり、そら豆とポテト・バジルソース）

- -

実習で当番だったため、いつもより早く家を出た朝。バースデーガールの友達にケーキを渡すべく、満員電車でケーキを守り抜くミッションに四苦八苦した朝。頭の上にのせたり顔面真ん前でキープしたり。「ぬホッ」とか「うぉっ」とか声漏れてましたしね（ただの変人）。

▶ 2017/06/30

朝 サケチーズの おむすびプレート

サケチーズおむすび／味玉／トマポテ　きんぴらごぼう

- -

いただいたおいしいコシヒカリでおむすびプレート。焼きほぐしたサケとチーズをたっぷり、ごま油と麺つゆもちょろっと。間違いないおいしさです◎

昼 花のお弁当

ガパオ風混ぜご飯／パプリカの花目玉焼き　和風ポテトサラダ（大葉入り）／きゅうりとワカメの即席和え

- -

眠いです。とてつもなく眠いです（立ってでも寝られる）。雨です。朝からどんよりです。でもでも金曜日だから無駄にニヤニヤしちゃう日。

▶ 2016/07/02
オムライス
オムライス／トマト　きゅうり

- -

今週は2日で4個のレポートを仕上げております（土日の寝不足ってナニ）。今夜は音楽かけて、扇風機導入で最後の追い込み、いざ！

昼

▶ 2016/07/03
ブルサンでブランチ
なすとブルサンチーズのミルフィーユ焼き／ブルサンチーズとトマトのフレッシュサラダ

- -

ブルサンチーズでブランチを作りました。ミルフィーユ焼きには「ブルサン ガーリック＆ハーブ」がまるっと贅沢に入ってます。サラダにはプレーンをのっけて◎　ブルサン特有のホロホロっとした食感がおいしくて、トマトとすごく合いました！

昼

▶ 2016/07/04
冷やし中華
冷やし中華

- -

冷やし中華始めました◎　言ってみたかったんですよね、このフレーズ（満足感）。蒸し蒸し朝から暑過ぎる暑過ぎる。瞬間冷却機能が付いたベッドが欲し過ぎる、ということについて友達と切実に語り合う日々です。

昼

▶ *mini column*
これからの献立

学校が忙しく、時間がなくて諦めることが多い日々。時短でも豪華な料理をもっと研究していきたいです。おいしいことはもちろん、見た目や雰囲気でも楽しめる料理を作りたいです。

「萌え断」なわんぱくサンドも楽しくおいしく。

04 masayoさん
masayo

Instagram user name「masayo_san」
https://www.instagram.com/masayo_san/

家族構成	
夫、自分、長男10歳、長女8歳	
食費について	1日のうち調理にかかる時間
毎月4万円	2時間くらいでしょうか

旬のものを
とり入れて、
バランスのよい
献立を。

名古屋市在住。2017年5月より、不定期で自宅で小さな会（お菓子やパンの教室）を開いています。作ることと食べることはもちろん大好きですが、器や空間も全てが心地よく暮らすことができたらと日々勉強中の40代です。毎日の献立は、子どもたちの好きなものやちょっと苦手なものを取り混ぜて、バランスよく食べてもらえるように工夫しています。

▶ 献立へのこだわり
旬のものをとり入れて彩りよくすること。

▶ 献立の決め方
スーパーに行ってお値打ち価格のものを買って決める場合や、子どもたちに「何を食べたい？」って聞いて決めることも。

▶ 2016/12/17

昼 おうちでアフタヌーン・ティー風ランチ

サンドイッチ（玉子サンド・きゅうりとディルのサンド）／スコーン／ミニいちごショートケーキ
紅茶

夫は仕事へ行ったので子どもたちとおうちでアフタヌーン・ティー風ランチ。ケーキには中に丸っといちごが入ってます。ほんとは朝一で出かけたかったけど……午後から子ども会のクリスマス会なので、付き添いで一緒に行ってきます。来年は役員をそれも会長をすることに ^^; 大丈夫だろうか……。

▶ 2016/12/18

朝 **アレンジワンプレート**

サンドイッチ（玉子サンド・きゅうりとディルのサンド）　スコーン／ミニいちごショートケーキ　紅茶

昨日のアフタヌーン・ティー風ランチをワンプレートにしてもいいかなって♥　スコーンにはクロテッドクリームとあんずジャムで。今日はちょっとお出かけしてきまーす！

夜 **おむすびでワンプレート**

十六穀米の俵むすび　ツナコロッケ　カボチャの素揚げ　サラダ　キャロットラペ／ゆで玉子／プチヴェール／いちご

久しぶりにワンプレートで晩ごはん♩　というのも今日買った加藤かずみさんのプレートが使いたくって。大きめのオーバルはワンプレートにぴったり。色はホワイトとアイボリー。写真じゃわかりづらいですが^^；　コロッケはおうちで揚げたて、おいしいですね～！　いただき物の生活クラブのケチャップをかけて。

▶ 2016/12/19

朝 **焼きたてスコーンで
ワンプレート**

スコーン／クロテッドクリーム　あんずジャム／紅茶

またまたスコーンを焼いて朝ごはん♩　生地に卵を入れるか入れないか……どっちも好きなんだけどなぁ……。秋色あじさいのドライフラワーの色が大好き♥　生花も大好きですが、スコーンのような焼き菓子にはドライフラワーが似合うなーって。息子もきれいだねって。子どもたちも今週末からもう冬休み。貴重なおひとりさま時間を有意義に過ごさなくっちゃ！

▶ 2016/12/20

昼 ベーコン入り
ベーグル

ベーグル　目玉焼き／サラダ／いちご
／豆乳カボチャスープ　紅茶

- -

おうちランチ。午前中はピアノの調律
に来てもらっていたのでどこへも出か
けられずで^^;　その間にキッチンで
ベーグル焼き&断捨離。ベーグルはベー
コンを巻き巻きしてあります♪　カボ
チャスープはバーミックスでガーッて
したら、ふわふわでクリーミーに。

▶ 2016/12/22

朝 ごまパンサンド

ごまパンサンド（ベーコン・玉子　レ
タス）　ベリーのせヨーグルト　カフェ
オレ

- -

kamiya bakery さんのごまパンをリベイク
してベーコンと玉子のサンド。この頃
お気に入りのハニーマスタードを塗っ
て。香ばしくって美味～♪

左上　クリスマスイブのランチは丸鶏を焼いて。　右上下　小さめのクリスマスケーキ。6個にカットして3時のおやつ時間に。　左下　朝おやつはプリンで。チョコレートケーキは25日に。

▶ 2016/12/24

朝　イブの朝おやつ

プリン

昨日、おうちでクリスマスをするはずが出かけてしまい、今日のお昼にクリスマスをする我が家。今からケーキ作ってチキン焼きまーす！

昼　クリスマスランチ

クリスマスケーキ／ローストチキン

今年は丸鶏を焼いてクリスマスランチに」　丸鶏……焼く前が姿がリアルすぎて^^;　もう来年はしないかもって思ったけど。食べたら皮がパリパリで美味～」　お肉LOVEな息子がとーっても喜んでくれて。ケーキは12cmのちっちゃめ。

産直に行ったら小粒ないちごに出会えて」　ジェノワーズ……前日焼きや冷凍保存もできるけど、私は焼いた日、冷めたところをケーキに仕立てるのが好きです」　そして、もうひとつのクリスマスケーキ。娘がずっと……食べたいって言っていたチョコクリームのケーキは25日に。

▶ **2017/01/27**

朝 インフルエンザ
の朝

カステラ・いちごのせブランマンジェ

昨日の夕方から体調が悪くなり病院へ。
結果、息子と同じインフルエンザＡ型。
身体中が痛くて ^^; 今朝は薬のおかげ
で熱も下がりました。作ってあったブ
ランマンジェがつるんと喉ごしよくっ
て。幸いにも娘は元気。息子は元気で
暇を持て余してます!!

▶ **2017/01/28**

朝 ベーグルで
朝ごはん

ベーグル／キャロットラペ／スナップ
えんどう／ゆで玉子　ヨーグルト　コー
ンポタージュ

じっと寝ていればいいのにキッチンで
ゴソゴソするのが好きで……もうこれ
も病気ですね（笑）。作っても娘に食べ
させるわけにはいかず。ベーグルが食
べたいと……涙目に！　夫は、コーン
ポタージュはどうしても飲みたいって
飲んでましたけどね。

▶ 2017/01/29
娘作のブランマンジェ
朝

ブランマンジェ　ビスコッティ／クッキー　紅茶

土日はちっちゃいお母ちゃん（娘）がいろいろがんばってくれました♪　包丁を持つ手が危なっかしいけど材料切ってもらって、ホットプレートで焼きうどん作ってもらったり、チャーハン作ってもらったり。私はお粥生活だったけど……。ブランマンジェも娘作。

▶ 2017/01/31
ほかほか蒸しケーキ
朝

安納いもの蒸しケーキ

ほかほかふわふわ〜安納いもの蒸しケーキで朝ごはん♪娘にも今日から私の作ったものを食べさせてあげられる〜。長かった…^^;　娘の身体の強さを見習わなくっちゃ！睡眠は大事だなぁと実感!!

▶ 2017/02/01
フルーツでビタミン補給
朝

パンケーキ／フルーツ

パンケーキを焼いて朝ごはん♪　フルーツたっぷり〜ビタミンも補給して。食べるときはメープルをたらりんと♪　さあさ、2月……気分も新たに元気よく!!

▶ *mini column*
これからの献立

作りおきをあまりしたことがないので、副菜などを作りおきしておくと、もう少し短時間で日々のごはん準備ができていいかなって思います。

夏野菜を使った副菜とメインを盛り合わせて。

▶ 2017/02/02

昼 **玄米生活
始めました**

玄米おにぎり（梅・ごま塩）　おろし
ハンバーグ　マカロニサラダ　ブロッ
コリーのごま和え　玉子焼き　みそ汁
（大根、なす、しめじ、ねぎ）

- -

おうちランチ。玄米生活……始めまし
た♪　お米は玄米で1年分保管してる
我が家。身体にいいこと始めなきゃね。
玄米には梅干しやごま塩がほんと合う
な〜と。いつも多めに作るマカロニサ
ラダ、翌日まで残らず、あっという間
に完食!!

▶ 2017/02/03

夜 **節分の日は……**

巻き寿司

- -

節分。鬼は外〜福は内〜♪　今日、実
家の母はぜーんぶで21本の巻き寿司を
作りました♪　太巻きにサラダ巻き、
ねぎトロに鉄火。夕飯はもちろん巻き
寿司〜。息子は帰ってくるなりおやつ
に1本丸かぶり〜♪　我が家の鬼役、
早く帰ってこないかなぁ……。

▶ **2017/02/04**

朝 **卵多め**
フレンチトースト

フレンチトースト／バナナ　紅茶

- -

朝ごはん。厚切りパンでフレンチトースト。卵が好きな娘と私は、卵多めの卵液にひたすのが好きです♥　バナナを添えてシナモンシュガーをふって♪今日は気持ちいい晴れ♪　お洗濯も気持ちよく乾きそう‥〜。

▶ **2017/02/05**

朝 **チョコレート**
ムースケーキ

チョコレートムースケーキ／フランボワーズソース　いちご

- -

朝おやつ。昨日は娘とお昼寝したり、のんびりぐーたらと過ごして♪　夜にスイッチonになってチョコのムースケーキ作り♪　2種類のクーベルチュールのチョコで。チョコレートは大好きなんだけど、チョコ味のお菓子があんまり得意じゃなくって。

05 静さん
shizuka

Instagram user name 「c_chan0118」
https://www.instagram.com/c_chan0118/

食べることが大好きな、食いしん坊夫婦の日々の献立。

家族構成
夫、私（2017年9月に第一子出産予定）

食費について
毎月3万円
（夫の昼食は含まず）

1日のうち調理にかかる時間
1時間30分（朝・昼・夜）

24歳で年下の夫と結婚し、兵庫から東京へお引っ越し。愛犬ティナとの2人と1匹の生活も今年で5年目を迎え、この秋に第一子を出産予定です。月3万円の食費で「おいしい食事は人生を幸せにする！」と、マイペースに食を追求中☆

▶ 献立へのこだわり
野菜多めのメニューを心がけています。メインが質素になりそうなときはしっかりめの副菜を、ガツンとしたメインのときはかんたんで低カロリーな副菜を作るようにしています。

▶ 献立の決め方
月曜は魚、火曜は豚のように先に1週間の食材を決め、和洋中がかぶらないよう調理法を考えます。主菜と副菜の味付けが似ないことも意識しています。

▶ 2016/12/11

朝 早朝のサンドイッチ

サンドイッチ（玉子とレタス、ハムときゅうり）
ソーセージ／カフェオレ

夫は朝早くからゴルフ。リクエストされたシンプルなサンドイッチを朝ごはんに持たせてあげました。しかし……ゴルフって本当に朝が早いっ！5時過ぎには家を出るというのでまだまだ暗いなか、玉子をはさんで、ハムときゅうりをはさんで……。

▶ 2016/12/12

昼 **オーブン焼きで
おもてなし**

鶏と色々野菜のオーブン焼き　チーズ
の生ハムバジル巻き　ほうれん草と柿
のレモンサラダ　赤かぶとトマトのマ
リネ

おもてなしお昼ごはん。今日は「同じ
人間なのかっっ!?」ってくらい美人で
かわいい2人が我が家に遊びにきてく
れたのでランチでおもてなし。リクエ
ストのオーブン焼きはLodge（ロッジ）
のスキレットで焼き色をつけた鶏肉を、
ズッキーニやじゃがいもなどの野菜と
一緒にオーブンで焼いたもの。

昼 **サンマの土鍋ご飯**

サンマの土鍋ご飯

シメは同じくリクエストのサンマの土
鍋ご飯（レシピは P.49参照）。おいしい、
おいしいと食べてくれました。作って
よかった〜。2人が持ってきてくれた赤
ワインと白ワイン、デザートもいただき
ながら、みんなでワイワイおしゃべり
してちょっと早めのXmasパーティーに。

▶ 2016/12/14

夜　黒ソイの煮付け

黒ソイの煮付け／れんこんのナンプラー
炒め　5種の蒸し野菜　セロリの漬物
風／えのきとキャベツのみそ汁　三十
雑穀米

- -

黒ソイが売られていたので、どどーん
と煮付けにしました。少し前にも売ら
れていたのですが、買いそびれてしま
い……。今日見つけて即座に購入！
大きいから2人で1尾にしましたが、1人
1尾でもいいくらいおいしい◎

▶ 2016/12/16

昼　あったかランチ

彩り野菜のスープスパ

- -

お昼ごはん。Oisixの「彩り野菜とかが
やケール鍋」のジェノバ鍋の素が1袋
残っていたので、豆乳で割ってパスタ
を入れて贅沢なスープスパにしました。
冷えた体があったまる～。

▶ 2016/12/17

夜 おつとめ品の
れんこんで

れんこんと鶏肉の彩りオイスター炒め／
揚げなすのおろしポン酢／チンゲン菜
と韓国のりの塩ナムル／ブロッコリー
の芯のごまマヨ和え／セロリの漬物風

オーブン焼き用に買って余った鶏肉を、
おつとめ品で大量買いしたれんこんと
ブロッコリー、ミニトマトを入れて炒
めました。にんにくの香りとミニトマ
トのほどよい酸味がおいしくって、も
ぅ、たまりません☆

▶ 2016/12/19

昼 鶏肉のフォー

鶏肉のフォー／ベトナム風揚げ春巻き

ベトナム料理屋さんで買った米麺を使っ
て、鶏肉のフォーでお昼ごはん。フォー
は冷凍しておいた鶏ささみでだしをと
り、レモンをたっぷり絞っていただき
ます。余ったささみはキャベツ＆パク
チー＆にんにくと炒めて、ライスペー
パーでベトナム風揚げ春巻きに◎

▶ **2016/12/20**

夜 **早めのクリスマス
ディナー**

丸鶏オーブン焼き（洋風チャーハン入り）／ほうれん草のポテサラツリー／あぶりマグロのカルパッチョ／いちごのサラダ　オリーブ／キャンディチーズ

ひと足早いクリスマスディナー。クリスマス恒例メニュー、丸鶏のオーブン焼き（頭と足先と内臓は取ってもらっています）。あらかじめにんにくを擦り込み、ハーブで香りづけしたオリーブオイルに漬けておくだけでジューシーさが増します。

▶ **2016/12/21**

昼 **温つけうどん**

温つけうどん／天ぷら3種（れんこん・カボチャ・ムカゴとおかひじきのかき揚げ）

今日は1年で一番夜が長い冬至。「ん」の付く食べ物を食べようということで、れんこん、南瓜（なんきん）の天ぷらうどんを◎　つけつゆには、こんがり焼いた白ねぎと豚、しょうがを入れ香ばしさアップ。

夜 残ったおもちを
活用

えびはんぺん揚げ団子／もち入りつく
ね揚げ団子／山いものバター焼き／菜
の花のおひたし／山くらげ／みそ汁

先日の残ったはんぺんとお正月の残っ
たおもちを使って、2種類の揚げ団子
で夜ごはん◎　昨夜寝るときにレシピ
を考えていたため気が立ってなかなか
眠れませんでした……笑。

夜 夫の手作り
ディナー

夫の手作りロールキャベツ／ガーリッ
クバターチーズライス／サラダ

今日の夜ごはんは、昨日が私のお誕生
日ということで夫が作ってくれました
☆　私は「めんどくさそう……」とい
うイメージからロールキャベツを作った
ことがないのですが、夫が作ってくれ
るロールキャベツが大好きでリクエス
トしました。

 夜 **タイ料理ディナー**

手羽元のエスニック煮／生春巻き／ほうれん草のごまマヨ和え　ナムル　鶴田有機農園の柑橘「はるか」

- - - - - - - - - - - - - - - - - - -

近所のタイ料理屋さんで出てくる鶏の煮物がおいしくて、自分なりに作ってみました。まったく同じ味にはできないけど、だしまでおいしくできました。シメに、残っただしに追加で味付けし、フォーを入れてみたらこれもまた最高で……。夫も喜んでくれました☆

 夜 **オイシックスでディナー**

Oisix コク＆まろやか白湯ベースとんこつ鍋　餃子／オクラとえのきの麺つゆ和え／もやしとワカメのナムル／Oisix 黒ごま豆乳プリン

- - - - - - - - - - - - - - - - - - -

12月のOisix（オイシックス）アンバサダーボックスより、今夜はお鍋にしました〜☆　前回にひき続きおいしい〜。途中からにんにくをたっぷり入れて、もやしも増し増しに。シメのラーメンも夫と取り合いでした（笑）。そしてデザートは黒ごま豆乳プリン。

▶ 2017/01/23
ごま油でホイル焼き
 夜

タラと色々野菜のホイル焼き　菜の花の天ぷら／オクラ
おろし納豆／じゃがいもと豚のみそ汁／枝豆ご飯　はる
か、早香

バターを切らしていたのでごま油でタラのホイル焼き。下ゆで
した白菜やにんじん、えのき、玉ねぎなどお野菜たっぷりに。
ゆずとポン酢でいただきます☆　あとは Oisix さんから送
られてきた菜の花をサックサクの天ぷらに。天ぷらがサク
サクに揚がるとうれしい〜☆　抹茶塩でいただきました。

▶ 2017/01/24
しっとり鶏のみそ炒め
 朝

鶏むね肉と白菜のみそ炒め／水菜と大根の梅ポンサラダ
／ほうれん草のごまマヨ和え／春雨玉子スープ／とろろ
のせ枝豆ご飯

特売日に買った大きな白菜でみそ炒め。パサパサしがち
なむね肉も焼く前の漬けおきで、しっとりジューシーに☆

▶ 2017/01/25
ほっこり和食
 夜

焼きサンマ／茶碗蒸し／蒸し野菜の盛り合わせ　しょう
がたっぷり具だくさんみそ汁／三十雑穀米／りんご

アツアツに熱したグリルで焼くサンマ。すだちがなかっ
たのが残念ですが、おいしかった〜。茶碗蒸しは干しし
いたけたっぷり。蒸し野菜は菜の花、キャベツ、れんこ
ん、カボチャ。おみそ汁にはすりおろしたしょうがを。
何の変哲もない夜ごはんですが、ほっこり和食が一番です。

▶ *mini column*
これからの献立

副菜のレパートリーが大体いつも決まっ
てしまっているので、もっと勉強したい
です。また、手先が不器用な分、きれ
いな盛り付けや凝ったことができない
ので少しずつでも慣れていきたいです。

たまには副菜とメインを作りおき。

朝 **ガレット風クレープ**

ガレット風クレープ／目玉焼き　サラダ／グリル野菜／骨付きソーセージ　りんご

- -

今日の朝ごはん。週末用に夫が大好きなクレープ生地をたくさん焼いておいたものを1枚お先にいただきます♥笑。ガレット風に目玉焼きだけにしましたが、週末は何を包もう……？　普段ごはん系クレープを食べないので何が合うのかわからない。オススメがあればぜひ教えてください。

夜 **超かんたん！たまの牛肉タタキ**

牛肉タタキ／サラダ／プチベールとじゃがいものオーブン焼き、チーズソース　もちもちガーリックバターライス　ネーブルオレンジ

- -

今夜はステーキの予定でしたが、いいステーキ肉がなかったので久しぶりに和牛ブロックでタタキにしました◎実家でよく母が作ってくれていたもので、ビックリするくらいかんたんです。「肉が食べたい！」ってときの我が家の定番メニュー☆

▶ サンマの土鍋ご飯

1.5合分

- サンマ　1尾
- 塩　適量
- しいたけ　1個
- 米　1.5合
- A　水　1と½カップ
　　しょうが(すりおろし)　10g
- 顆粒だし　4g
- 薄口しょうゆ　小さじ1
- 塩　少々
- みりん　小さじ2
- 酒　大さじ1
- ねぎ・三つ葉・ミョウガなど　適宜

1. サンマは内臓を取って半分に切り、塩をふって5分おき、ペーパータオルで水を拭き取る。しいたけは薄切りにする。軸は石づきを取り、細かく刻む。

2. 熱したグリルで焼き色がつくまでサンマをこんがり焼く。

3. 土鍋に洗った米とAを入れて混ぜる。

4. 3にしいたけと焼いたサンマを入れ、ふたをして強火にかける。

5. 沸騰してきたら弱火にし、10分経ったら強火にして30秒加熱する。火を止めて5分蒸せばでき上がり。お好みでねぎや三つ葉、ミョウガを散らしても。

point
だしが出るのでしいたけの軸も刻んで入れてください。おこげが好きなら強火で1分加熱してもOK。

▶ スキレットのオーブン焼き

2人分

- 鶏もも肉　2枚
- ズッキーニ　½本
- じゃがいも　2個
- 玉ねぎ　½個
- にんにく　3片
- オリーブオイル　大さじ1
- ミニキャロット　4本
　（もしくは、乱切りのにんじん½本）
- A　岩塩　適量
　　ローズマリー　適量
　　オリーブオイル　適量

1. 鶏もも肉はひと口大に切り、野菜は食べやすい大きさに切る。にんにくはつぶしておく。ミニキャロットは洗って水を拭く。

2. スキレットにオイルを敷き、弱火でにんにくを炒め、香りがたったら取り出す。ズッキーニも焼き色をつけて取り出す。オーブンを200度に予熱する。

3. 2のスキレットを強火で熱し、鶏もも肉の表面に焼き色をつける。火を止めてズッキーニ以外の野菜とにんにくを盛りつける。Aを加え、200度のオーブンで15〜20分焼く。ズッキーニを盛りつける。

point
ズッキーニはオーブンで焼くとシワシワになるため、別に焼いて最後にのせます。れんこんを入れても。

06 Minさん
Min

➡ 「朝の1時間でラクウマ3食お家ごはん
～腹ペコ3姉妹日記～」
http://ameblo.jp/hitomi-008/

朝の1時間で、
お弁当作りと
夜の下ごしらえも。

家族構成	
夫、私、長女7歳、次女3歳、三女1歳	

食費について	1日のうち調理にかかる時間
月に大体4～5万円ほど	朝5時半から6時半までの1時間でお弁当、夕ごはんの下準備まで

長野県在住。共働きの3姉妹育児ということで、とにかく時間に追われる毎日。朝の1時間で朝ごはん、お弁当、夕ごはんの下準備まで行っています。夕方疲れて帰ってきても、夕ごはんの用意は約10分で完成。子どもたちの「お腹空いたぁ～」に対応できたときは、朝の自分のがんばりをちょっと褒めたくなることも。

▶ 献立へのこだわり

なるべく朝ごはん、お弁当、夕ごはんで同じメニューにならないようにしています。使う食材は一緒でも味や見た目、切り方を変えて飽きずにおいしくがモットーです。

▶ 献立の決め方

朝起きて、冷蔵庫の中身と相談しながら、作っていくなかで決めていくことが多いです。

▶ 2017/05/30

朝 チキンスープ

チーズトースト／チキンスープ／ヨーグルト／いちご

今日は夫が健康診断で、朝ごはんとお弁当なしの日でした。ということで、かなり余裕ぶっこいてたら、結局ギリギリで……バタバタと朝ごはんを準備。このチキンスープ、実は前の日に夫が買ってきてくれた鶏の唐揚げの残りです。食べきれなくて冷蔵庫に入っていた唐揚げを切って野菜と一緒に煮込むだけ♪ 夜はこのスープにカレールーを入れて、カレーにして食べました（*^^*)

朝 平日なのに、休日気分

ブルーベリージャムトースト／スクランブルエッグ／
ベーコン／サラダ／ヨーグルト／ウインナコーヒー

水曜日の朝から、何だか「え？今日ってお休み？」
と錯覚しそうな朝ごはんでした。卵はスクランブル
エッグにして、そこにベーコンも。休日は何だかス
クランブルエッグな気がして……気のせいですかね。
お菓子作りで余っていたホイップクリーム。贅沢に
ウインナコーヒーにしました。これでかなり休日感
がプラスされた気がします（笑）。

昼 焼き魚弁当

焼き魚／かに玉風炒め／マカロニサラダ／ピラピラ
にんじんサラダ／ご飯

夫のお弁当。何の魚だったか忘れちゃったんですが
……粕漬けの魚だったと思います。味が付いている
から、焼くだけでボリュームのあるおかずに。ご飯
の上にドーンとのせるだけで様になりました。カニ
カマと卵を炒めた、かに玉風炒めも。

夜 多国籍ごはん

マカロニのミルクスープ／アサリの中華風炒め／ブ
ロッコリーのクルミ和え／お汁粉

多国籍な感じの夕ごはんになりました。朝、何も考
えずに用意すると、こういうことが起こります。マ
カロニと野菜を煮て牛乳をプラス。コンソメも入れ
ました。中華風に味付けしたアサリはニラとレタス
も一緒に炒めてボリュームを出しています。

朝　運動会弁当の試作

*スパムおにぎり／クリーミーみそ汁　さつまいもと
玉子のサラダ／きゅうりの梅和え*

運動会弁当の試作に、スパムおにぎりを作ってみま
した。見た目はまあまあかなぁと思ったら、「ちょっ
と食べにくいかなぁ……」と夫がダメ出し（*_*）
確かに食べにくいかぁ……。それから、「風が強かっ
たりしたら、紙皿にのせても飛んでいっちゃうんじゃ
ない？」とも……なるほど……＿l￣l○　というわ
けで、また一から考え直しになりました。

昼　スパムおにぎり

*スパムおにぎり／スパムと野菜の炒め物　さつまい
も／ゆで玉子*

何ていうか……朝ごはんのメニューとほぼ一緒なお
弁当です。スパムおにぎりはそのままだし、ほかも
見た目を少し変えたくらいで食材は一緒……。スパ
ムおにぎりを作るための牛乳パックを加工していた
ら、思いの外時間がなくて……。おかずにもスパム
で、ごめん……と思いながら、お弁当のふたを閉め
ました……。

夜　冷しゃぶ

冷しゃぶ　春雨スープ／さつまいものいとこ煮　ご飯

冷しゃぶはキャベツと玉ねぎのスライスをたっぷり
と♪　横に添えたゆで玉子、本当は温泉玉子になる
はずが、ゆで過ぎたみたいです。解凍したあんこが
まだ残っていたので、さつまいものいとこ煮を作り
ました^^　本当はカボチャがあればよかったんです
が、なかったので、さつまいもで代用。結果とって
もおいしくて、子どもたちにも好評でした（*^^*）

▶ Minの朝調理の流れ

運動会前にお弁当を試作しようとスパム缶を取り出し、冷蔵庫の中の野菜が青物しかないことにガクブルしつつ……調理スタート!! スパムおにぎり以外はノープランだったので、ヤカンでお湯を沸かし、その横でさらに鍋にお湯を沸かして卵を入れ、ゆで玉子を作る。小松菜とピーマン、スパムで炒め物を作る（お弁当用）。きゅうりを梅干しと合わせてきゅうりの梅和えを作る。牛乳パックを型にして、スパムおにぎりを作る。

2 朝ごはん・お弁当完成

ゆで玉子とレンチンしたさつまいもをマヨネーズと和えてサラダにする。その横で、前日に残ったマカロニのミルクスープに水とみそを加え、ブレンダーでなめらかにする。これで朝ごはん完成。スパムおにぎりをそのままお弁当へ入れ、スパムと野菜の炒め物を詰める。さつまいもを切ってごま塩を振り、ゆで玉子にパプリカとあら塩をふりかけたら、お弁当完成^^

3 夜ごはんの下準備

キャベツのせん切りに、顆粒の和風だしと塩をふって混ぜる。さつまいもをレンジで加熱し、タッパーへ入れたらあんこと白だし、水を加えて一緒にレンジ加熱する。玉ねぎの薄切りを作る。夕ごはんの下準備完成^^ 夕方行った作業は、①お湯で豚肉をゆでて、キャベツと玉ねぎのスライスを盛り付けた上にのせ、ゆで玉子を添える。②スパムと野菜の炒め物に、春雨、顆粒の中華だし、麺つゆ、水を加えて春雨スープにする、でした。

▶ 2017/06/02

朝 おにぎりで朝ごはん

こんぶおにぎり／もち麩のお吸い物／玉子焼き／きゅうり、トマト

- -

この日は朝起きて何となくおにぎりが食べたかったので、塩こんぶを混ぜたおにぎりに。この、もち麩のお吸い物が、ものすごくおいしくて。旅先で買ったもち麩、どうやらお吸い物以外でも使えるみたいなので、ほかの料理も作ってみよう。もち麩というだけあってもちっとジュワ〜〜♪ 食べごたえがあります。

昼 ボリューム弁当

牛肉のドレッシング焼き／高野豆腐とおかかの炒め物／キャベツのだし和え／きゅうりのゆかり和え／ご飯

- -

ちょっといい牛肉が安かったので購入^^ ドレッシングとしょうゆで味付けした焼き肉がメインのお弁当でした。高野豆腐とおかかの炒め物で使っているかつお節、実は朝ごはんで作ったお吸い物で、だしをとった後のものを使っています。

夜 運動会前の豚カツ？

豚カツ／さつまいもの天ぷら／高野豆腐のそぼろ煮／うまキャベツ／玉ねぎのキムチ和え／ご飯

- -

何となく解凍してあった豚肉でカツにしたら、「明日運動会だからカツなんだね!!」と、ものすごくうれしそうに長女に言われ、「そうだよぉ〜〜」と言ったけど、何かごめんね……。高野豆腐は白だしメインで、鶏ひき肉と一緒に煮てボリュームのある一品に。玉ねぎのスライスは、キムチがほんの少ししかなくて、ほのかにキムチって感じに。

メインおかずは3品。副菜はミ
ニカップに入れてカラフルに♪
色合いを少し意識してみました。

▶ 2017/06/03

昼 **2017年運動会の
お弁当**

鶏のエスニック唐揚げ／かんたん
チャーシュー／カレイのカレーチー
ズフライ／玉子焼き／ぶどう／ア
メリカンチェリー／みそ焼きおに
ぎり／5色おにぎり／ごま塩おに
ぎり／3色いなり／さつまいもの
シナモンシュガー焼き／スモーク
チーズ／ミニトマト／ブロッコリー
／キャロットラペ／みたらし白玉
だんご　など

運動会のお弁当、本当は前日から
仕込んでおくつもりが、「ハッ!!」
と起きたら4時過ぎだったという
……。おっとぉ～～（夫もスヤ
スヤ眠りについておりました……
場所取りお疲れ）!!　ということで、
「間に合うのか？」という、焦り
とともに調理を開始し、8時半の
入場行進にギリギリセ～～フ!!

夜 **焼き肉で
楽チン♪**

焼き肉／野菜　など

運動会があった夜は焼き肉でした。
お義父さんも来ていたので、ちょっ
といいお肉を奮発。一応野菜もと、
事前にさつまいもとカボチャを焼
いておいて、つまみながらお肉を
焼いてビールも飲んで。

▶ Minの作りおきフル活用

朝 ラタトゥイユ
トースト

ラタトゥイユトースト／ラタトゥイユ
／ヨーグルト／バナナ

そろそろ食べきりたかった、「タケノコ入りラタトゥイユ」と塩サバ3切れを冷蔵庫から取り出し、調理スタート‼食パンに刻んだラタトゥイユをのせ、真ん中を凹ませたら、そこに生卵を落としてマヨネーズをかけ、トースターで焼く。ラタトゥイユとヨーグルトを盛り付け、バナナを添えて。

昼 塩サバ&ラタトゥイユ
アレンジ弁当

塩サバ／ラタトゥイユの玉子とじ／しめじとチンゲン菜の炒め物／ご飯

塩サバをフライパンで焼く。同じフライパンで耐熱性の紙カップに入れたしめじを炒め、最後にチンゲン菜も加えて塩・こしょうをふる。同じようにラタトゥイユと溶き卵を紙カップに入れて焼く。隣のコンロで夕ごはん用のトマトみそ汁を作る。お弁当箱にご飯を詰め、その上におかずをのせたら、夫弁当完成^^

夜 塩サバを南蛮漬けに、
ラタトゥイユは冷や奴ダレに

塩サバの南蛮漬け／チンゲン菜と豚こま肉の炒め物／食べダレかけ冷や奴／トマトみそ汁／雑穀ご飯

夕ごはんの下準備は切った塩サバに片栗粉をまぶし、フライパンで揚げ焼きする。スライスした玉ねぎに、砂糖、酢、白だしを加えて混ぜ、揚げ焼きしたサバを入れて漬ける。隣でチンゲン菜と豚こま肉を炒め、自家製タレで味付けする。ラタトゥイユをみじん切りにし、ごま油としょうゆで味付けし、食べダレを作る。これで夕ごはんの下準備完成^^

▶ Minの使いまわしテク

朝 肉みそが
みそ汁に変身

*タケノコ入り肉みそ炒め／アレンジみ
そ汁・ゆで玉子／ご飯*

タケノコ入り肉みそを使いまわそうと
考えながら、調理スタート!!　大根と
にんじんを煮て、肉みそを入れて、そ
ぼろ入りみそ汁を作る。隣のコンロで
タケノコ入り肉みそと卵、ご飯を炒め
てチャーハンにする（お弁当用）。ち
ぎったレタス、ピーラーで細切りにし
たにんじん、トマトを盛り付け、肉み
そをのせてサラダに。

昼 肉みそをチャーハンにアレンジ

肉みそ入りチャーハン／ソーセージと野菜の炒め物　チーズ

フライパンでソーセージ、チンゲン菜、にんじんを炒め、
顆粒だし、塩・こしょうで味付け。お弁当箱に盛り付けて、
夫弁当完成。さらに夕ごはんの下準備は、油揚げを等分に
切って開き、肉みそと烏骨鶏の卵を入れ、麺つゆを加えて
煮ていく（袋煮）。チンゲン菜、土ねぎ、パプリカをフラ
イパンで炒め、ツナも入れて味付け。これで夕ごはんの下
準備終わり ^^

夜 朝のみそ汁に牛乳をプラス

袋煮／ツナと野菜の炒め物／ミルクみそ汁／雑穀ご飯

夕方行った作業は、①袋煮を温める、②朝食べたみそ汁の
残りに牛乳を加えて温め、盛り付けてすりごまをふりかけ
る、③ツナと野菜の炒め物を盛り付ける、でした。今回使
い回したおかずと食材は、タケノコ入り肉みそ、みそ汁、
チンゲン菜、にんじんでした。肉みそを3食で食べきれた
日でした。きれいに使いきれて満足。朝飲んだみそ汁の残
りに、牛乳や豆乳を足すのはいつものパターン♪

▶ かんたん！　チャーシュー

作りやすい分量

- 豚肩ロース肉（ブロック）　550〜600g
- 塩・こしょう　各適量
- A｜しょうゆ　大さじ3
　　酒　大さじ3
　　はちみつ　大さじ2
　　しょうが（すりおろし）　大さじ1

point
煮るときは耐熱性のある保存袋を使うこと。

1. 豚肩ロース肉はフォークで20回ほど刺して穴をあけ、裏面も同様にする。塩・こしょうを全体にふる。

2. 熱湯ボイル可能な保存袋にAを入れ、1を入れて軽くもむ。できれば、このまま冷蔵庫で3時間ほどおくと味が染み込む。

3. 大きな鍋にたっぷりの湯を沸かし、沸騰したら2を袋ごと入れ、弱火にしてふたをし、そのまま15分煮る。火を止め、そのまま冷めるまでおく。

4. 保存袋から、チャーシューを取り出して食べやすい大きさに切る。漬けダレをフライパンへ移して中火にかけ、とろみがつくまで煮つめる。チャーシューを加えてからめる。

▶ 油揚げの袋煮

8個分

- 油揚げ　8枚
- 小松菜　2株
- にんじん　½本
- とうもろこし　½本
- 卵　8個

- A｜水　400cc
　　砂糖　大さじ2
　　みりん　大さじ2
　　しょうゆ　大さじ5

point
夫のリクエストNO.1です。具材はお好みでアレンジしてください。

1. 油揚げは熱湯をかけるなどして油抜きをする。油揚げの端を2cmほど切る。

2. 1で切った油揚げの端、小松菜、にんじんは食べやすい大きさに切る。とうもろこしは実を削ぎとっておく。

3. 小さめの鍋にAを入れ、油揚げの口を広げて並べる。油揚げに2を⅛ずつと卵を1個ずつ入れて口を爪楊枝で閉じる。卵は器に一度割ってから、油揚げの中に滑らせるように入れるとよい。

4. 鍋を中火にかけて煮る。ある程度煮たら向きを変え、卵が入っているところが煮汁につかるようにする。

▶ お豆たっぷりチリコンカン

作りやすい分量

- 合挽き肉　350g
- 玉ねぎ　1玉
- トマト　2個
- 大豆（水煮）　1パック（155g）
- レッドキドニー（缶詰）
　　　　　　　　1缶（110g）
- にんにく（みじん切り）
　　　　　　　　2かけ分

A | チリパウダー　大さじ1
　| ケチャップ　大さじ5
　| 塩　小さじ½

1. 玉ねぎはみじん切りし、耐熱容器に入れて電子レンジ（600W）で1分加熱する。トマトは角切りにする。大豆とレッドキドニーは水気をきっておく。

2. フライパンに合挽き肉とにんにくを入れ、中火で炒める。脂が出てきたら、ペーパータオルで拭き取り、玉ねぎを加えて炒める。

3. トマト、Aを加えてさらに炒める。

4. 大豆とレッドキドニーを加えて弱火で煮込む。

point

タコスにしてもタコライスにしても◎。これはあまり辛くないので子どもたちも大好物です。

▶ はちみつでテリテリ♪
　ぶりの照り焼き

4人分

- ぶり（切り身）　4切れ
- 小麦粉　適量
- サラダ油　大さじ1
A | しょうゆ　大さじ3
　| みりん　大さじ3
　| はちみつ　大さじ2

1. ぶりの切り身はペーパータオルで表面の水分を軽く拭き取り、小麦粉をまぶす。

2. フライパンに油を中火で温め、1を焼く。

3. 途中で裏返して両面を焼いたら、いったん皿に取り出す。フライパンをペーパータオルで拭いてからAを入れ、中火でひと煮立ちさせる。

4. ぶりを戻し入れ、タレをからめるようにして2〜3分焼く。

point

コッテリが好きな方は手順4でバター大さじ1程度を加えてもおいしいです。魚の臭みが気になる方は、少ししょうがを加えても。

07 カバ子さん
kabako

➡ Instagram user name 「ms_hippopotamus」
https://www.instagram.com/ms_hippopotamus/
「カバんちのご飯」
http://hipopogohan.blog.fc2.com/

日々かんたんで、
おいしいごはんを
追求しています。

家族構成
アラサー夫婦共働き2人暮らし

食費について
ウン万円と決めてはいない
けれど、常に「節約節約」と
念じながら買い物しています

1日のうち調理にかかる時間
朝食3分、お弁当に20〜
30分、夕食とお弁当の下
準備に60〜90分くらい

プログラミングが趣味の夫とゲームが趣味の嫁という、何ともインドアな夫婦でのんびり暮らしています。金沢のB級グルメやパフェ巡りをしたり、お隣の福井におそばやソースカツ丼を食べにいったり、食べ歩くのも好き。凝ったものは作れませんが、かんたんでおいしいお弁当・メニューが参考になればいいなと思います。

▶ 献立へのこだわり
優先順でいうとおいしく、かんたんに、バランスよく、お安く。当初は色々と作りましたが、結局定番モノの方が喜ぶのでかんたんでおいしいごはんを追求するように。

▶ 献立の決め方
1週間分の献立をざっくりと考えて、週の終わりには食材をきれいに使いきるようにしています。週末はしっかり休養したいのでOFFモード、外食も行くしカップ麺も食べます。

▶ 2017/05/21
 手作り餃子

餃子

週末ごはんはいつもの手作り餃子。この日は粗びきの豚ひき肉があったんで、それでやってみたらいまひとつやったなぁ。豚バラもう絶対固定！スライスでもいいけど、できれば焼き肉用とか厚みがあるやつのほうがよりおいしいよ。

昼 ドーンと
どんぶり弁当

6分づき米ご飯／豚しょうが焼き／レ
タス／ししとう

- -

週明け第1弾はドーンと丼弁。豚しょう
が焼きのっけ丼でっす。お肉としし
とう焼いただけの楽ちんウマウマ。レタ
スは太めの短冊切りに。オベントーに
はちぎるよりも食べやすい。

夜 月曜恒例の
質素定食

美川の黒豆納豆／大根おろし／ピーマ
ンとじゃがいものじゃこ炒め／ゆで玉
子サラダ

- -

黒豆納豆は地元メーカーさんの、1個
98円という納豆にしてはVIPお値段で
す。黒豆のって大粒でややかためなの
が多くてね。私の好みと真逆なんでま
ず買うことないんやけど、カバ男氏の
リクエストで。うん、これはしっとり
やわらかくてなかなか！

▶ 2017/05/23

昼 すっかり
夏気分弁当

6分づき米ご飯　超ふりかけ焼きザケ
／じゃこワカメのだし巻き玉子　加賀
揚げ／ほうれん草のごま和え／五郎島
金時のレモン煮　ミョウガの甘酢漬け

本日は特に目立ったものがない地味弁。
一応おメインはだし巻き玉子。じゃこ
とワカメがたっぷり入って、食感もお
味もウマウマな一品ございます。カバ
男氏がさつまいもを見ると「出ェ――
――たァ――――」「スキあらばい
もねじ込むやつ～～～～」「今年最後の
さつまいもな」の3セットがお決まり
です。

夜 焼き鳥ごはん

焼き鳥／焼きししとう　切り干し大根
の煮物／大根サラダ／ご飯

飲んday、そして焼き鳥～。左がスパ
イス＆塩、右がゆずこしょうよ。おい
しゅうございました。

昼 **イカ天**

6分づき米ご飯／イカ天／のり／糸こんとツナのしりしり／ほうれん草のおひたし／五郎島金時のレモン煮／枝豆

本日のおメインは冷食のイカ天。タレでご飯が進みます。特筆することもない地味なおかずばっかりやけど、こういうのも嫌いじゃない。

夜 **ウヒョーな晩ごはん**

トビウオのたたき／豚こま焼き肉のたれ炒め／えのきたけとワカメのみそ汁／ご飯

雨が降ってるのに「やだなーやだなー」と思いながら買い物に行ったんですけども、トビウオやら肉やら掘り出し物がいっぱい。「ウヒョー」って多分5回くらい言ってたわ、もちろん心の中で。トビウオは開いた状態で、切ってはいないけど刺身で食べてねっていう状態のもの。朝獲れぴかぴかでお値段お手頃、これが第一のウヒョーでした。

▶ 2017/05/25

昼 **男のロールパン
サンド**

男のロールパンサンド（黒カレーコロッ
ケ・水菜、玉子・きゅうり、ミートボー
ル・サラダ菜）／すいか

- - - - - - - - - - - - - - - - - - - -

本日は恒例パン弁day。何だかワイル
ドな感じになったので、男の〜ってい
うタイトルにしただけです。決して夫
が作ったわけではありません。

夜 **おビーフステーキ**

ステーキ／とうもろこしのソテー　グ
リルそら豆／サラダ　ご飯／みそ汁

- - - - - - - - - - - - - - - - - - - -

何だかボリューミーに見えるけど、お
肉は薄いしそら豆なんて廃棄率80％と
かなんでね、ペロっと食べられる量で
す。塩・こしょうをしっかり効かせて、
ワサビやゆずこしょうを付けていただ
きました。ハーおいしかった（'∀'）

▶ 2017/05/26

昼 そら豆

6分づき米ご飯　グリルそら豆／ほうれん草とチーズのだし巻き玉子／ひと口がんもの炊いたん／ミョウガの甘酢漬け／きゅうりの浅漬け

本日のおメインはそら豆。焼いたそら豆をご飯にのっけただけなので、そら豆ご飯ではないよ～。

▶ 2017/05/28

昼 週末のランチ

ジャージャー麺

ジャージャー麺の後は熊本県産すいか。みずみずしくておいしゅうございました。特に意識せんでも、自然と食卓が夏模様になってきているのが面白いなぁ。

昼 ビールと唐揚げ

鶏の唐揚げ／タコの唐揚げ／サラダ菜／冷や奴／ビール

夏場所見ながらカンパーイ。たこの唐揚げはCOOPさんのを揚げるだけっす。我が家は唐揚げはレモン欲しい派だけど、飲み会などの場では率先してかけるとかはしませんので、ご安心ください。

▶ 2017/05/29

昼 **お手製唐揚げ弁当**

6分づき米ご飯／のりたまふりかけ／
唐揚げ＋レモン／タラコスパゲッティ
／結びこんにゃくのだし煮／きゅうり
の浅漬け／すいか

- -

本日は唐揚げBENTO！　これはお手製
です。餃子も揚げ物も、何時に帰って
くるかわからぬ平日の夜にやるよりも、
休日の早い時間に作って、自分も1杯や
る方がラクうまかも。ホントは土曜に
作るつもりだったから、うっかりガー
リック味のん買っちゃって、なかなか
の香ばしいスメル……。レモンでなん
とかごまかされないかしら。

▶ 2017/05/30

昼 **茶色、地味、昭和**

酢飯／ちぎりのり／錦糸玉子／イワシ
とちくわの蒲焼き／ひと口がんもの炊
いたん／結び糸こんにゃくのだし煮／
きゅうりの浅漬け

- -

本日は茶色弁、地味弁、昭和弁トリプ
ルスリー。おメインはイワシとちくわ
の蒲焼きでっす。ちくわは片栗粉を薄
くまぶしてごま油で焼いて、イワシの
蒲焼缶の煮汁にしょうゆをほんの少し
足したものをジュワー。ご飯はよそった
後に、あー今日は暑いし酢飯にしたら
よかったかなと思って、ティースプー
ンでたらたらっと落として混ぜずにか
けただけの酢飯です。

▶ 2017/05/31

昼 **ドリア風弁当**

なすのミートドリア風　レモン

- -

本日は初のドリア弁。ひき肉、玉ねぎ、
にんじん、なすを炒めてケチャップ、水、
ウスターソース、砂糖、ナツメグ、しょ
うが、塩・こしょうやら適当に入れて
ぐつぐつ。簡易ミートソースの完成。
ご飯にホワイトソースが混ざってるわ
けではなく、上っ面だけなので「ドリ
ア風」です。

▶ 2017/06/02

昼 **カツサンド弁当**

カツサンド

- -

本日は楽しい金曜日、そしてパン弁day。
久々にサンドイッチです。カツはお惣
菜の今日のイチオシ品。衣ばかりかと
思いきや中身がしっかりゴッツくてう
れしいなぁ。

08 せいらさん
Seira

➡ Instagram user name「se_ra1031」
https://www.instagram.com/se_ra1031/

家族構成	
夫、自分、長男2歳	
食費について	1日のうち調理にかかる時間
約3万〜3万5千円（外食やお酒、嗜好品は含まない）	朝・昼はそれぞれ15分〜1時間、夜は1時間〜1時間半

「笑顔になる素敵ごはん」をモットーに、バランスよく。

神戸生まれの奈良育ち、憧れの専業主婦をしながら横浜に家族3人で暮らしています。慣れない子育てで外食ができず、気分だけでもと思い、おうちごはん作りに力を入れるようになりました。今では「笑顔になる素敵ごはん」をモットーに、仕事で忙しい旦那さんのため、1日1食だけでもしっかり栄養のとれるバランスのよい食事を考えて作っています。

▶ 献立へのこだわり
主菜と副菜の味付けが同じにならないようにバランスよく。一汁三菜＋デザートという献立で考えています。

▶ 献立の決め方
まず主菜を決めます。それから器、副菜、汁物の順で決めています。

▶ 2017/02/16

夜 ジューシーなハンバーグ

豚こま豆腐ハンバーグ、焼ききのこと野菜の和風マリネのせ／のりじゃがバター／にんじんの塩こんぶ炒めクミン風味／土鍋ご飯　豚こまとキャベツのおみそ汁（昨日のとん平焼きの残り具材）／納豆／りんご

見た目はよくないけど、おいしいんですこれ!!豚こま豆腐ハンバーグ。ミンチ肉よりジューシーで「肉食べたーい!!」ってときにお安く手に入るのでオススメです。何よりこの上にのせたマリネが◎。野菜もりもり食べられちゃいます。

▶ 2017/02/17

 夜　**かんたん1人ごはん**

和風カルボうどん／にんじんの塩こんぶ炒め　のり
じゃがバター／豚汁

- -

今日は1人ごはんだったのでかんたんに。和風カル
ボうどん。5分もあれば作れちゃう。かんたんなの
にこのおいしさ。びっくらぽんです。

▶ 2017/02/18

朝　**和洋のコラボパン**

しらすチーズトースト／ほうれん草の巣ごもり玉子
／フルーツヨーグルト

- -

今朝はまたまたレシピ本『おいしい「パンの食べ方」』
より「しらすチーズトースト」。チーズトーストの上
に釜揚げしらす。和洋の絶妙なコラボパン。ほどよ
い塩気でペロリとたいらげちゃいました。レシピは
5枚切り食パンにチーズとしらすをのせて焼くだけ!!

夜　**大好物のソーキそば**

豚軟骨のソーキ風そば（半玉）／ふろふき大根のゆ
ずごまみそ　ひじき煮／ちぢみほうれん草のナムル
／青のり入りはんぺんフライ／いちご

- -

今日の晩ごはんはソーキそば。といっても麺は沖縄
そばじゃなく、スーパーに売ってるただの平打ち麺
ですけどね。98円／gのこの豚軟骨が夫婦で大好物。
今日は豪快に、切らずに1枚どどーんとのせてみま
した。スープも飲み干せちゃう。最高においしいん
ですよ、これ。

▶ 2017/02/19

朝 シンプルバタートースト

バタートースト／ベーコン＆スクランブルエッグ／
焼きカボチャときのこのマリネ（残り物）　いちご

今日の朝ごはん。シンプルにバタートースト。パン
に格子状の切り込みを入れたらバターが中に浸透し
て、かんだらジュワッ〜っと。「シンプル・イズ・
ベスト」と言わんばかりに、普段トーストは食べな
い息子くんも私のトーストを半分平らげるという。
おいしいものはわかるのね。

昼 ダッシュの昼ごはん

サムギョプサル（肉の上はねぎサラダ、コチュジャ
ン・マヨネーズは別添え）／大葉のピリ辛しょうゆ
漬け／たたききゅうりの塩こんぶ和え／木綿豆腐と
トマトの塩だれ／ワカメスープ　土鍋ご飯／ポンカン

めっちゃ天気のいい今日。朝から近所の梅まつりに
行ってきました。きれいな梅の花とおいしい和菓子
に癒やされ帰宅。そしてダッシュ!! 30分でお昼
ごはん。ふるさと納税の豚バラ肉でサムギョプサル
─────。

▶ 2017/02/20

夜 残りの豚軟骨で
炊き込みご飯

ソーキの炊き込みご飯（ジューシー風）／トマトの
塩ダレ和え　揚げ出し木綿豆腐＆揚げ大根／豚汁／
豚バラ串

今日は土日の残り物で晩ごはん。豚肉まつり。ソー
キ風そばで残ってた豚軟骨。スープごとお米と一緒
に炊いてみました。にんじん、ひじき、干ししいた
け入り。息子くんもいっぱい食べてくれて大満足♡

▶ 2017/02/21
ナゲットじゃないナゲット

揚げないナゲット／キャベツとにんじんと豆苗のごま和え／もずく酢／すくい豆腐のきのこあん煮／カボチャのいとこ煮

今日はヘルシー晩ごはん。テレビで見た「揚げないナゲット」をこんな感じ？　と作ってみました。添えたカレーマヨとチリソースは正解。揚げてない分罪悪感なく食べられるし、子どもが好きな味でおいしかったです。でも……ナゲットじゃない。笑。別物として食べることをオススメします。

▶ 2017/02/22
ゴロっとミートボールパスタ

ミートボールパスタ／レディサラダ大根のピクルス／ゴボウのポタージュ／みどりサラダ／カボチャのいとこ煮

Instagram で見るたびに食べたかったミートボールパスタ。「カリオストロの城」は見たことないんですけどね。特売のあら挽き肉で肉を堪能できるように、ゴロッと気持ち大きめミートボール。パスタは少なめにしたのに、お肉のおかげでかなり食べ応えありました。旦那さん大満足。

▶ 2017/02/24
ムニエル

白身魚のムニエル、アボカドソース／レディサラダ大根のピクルス／ハニーマスタードポテトサラダ／ブロッコリーとヤングコーンのバターしょうゆ炒め／トマトと豆腐の洋風冷や奴／きのこのスープ／手羽元のタンドリーチキン　など

パッとしない晩ごはんですが、見た目よりも味で勝負!!ってことで。白身魚のムニエルには残っていたアボカドでソースを。さっぱりだけどクリーミー。新しいムニエルの食べ方発見です。

▶ *mini column*
これからの献立

息子も一緒に食べられる料理をもっと
作っていきたいと思っています。

野菜嫌いの息子くんにテレビで見た
フルーツスープを作りました。

▶ 2017/02/25

朝 塩パンで
サバサンド

サバサンド／だし巻き玉子／ライタ

- - - - - - - - - - - - - - - - - - - -

おはようございます。お待たせしまし
た、サバサンド。ヴィ・ド・フランス
の塩パンにオリーブオイル漬けのサバ
缶、玉ねぎたっぷりハニーマスタード
味のポテトサラダとレタスをはさんで。
お好みでライタをのせて。オリーブオ
イルとブラックペッパー多めが好み。
サバとパンって合うんですね。

昼 クックパッドの
レシピをアレンジ

豚肉と長いもの韓国風スタミナ丼／豆
腐と豆苗のスープ／野菜の南蛮漬け（な
す、ピーマン、まいたけ、にんじん）
／ブロッコリーの和ナムル　キムチ
徳島県のフィッシュカツ（市販）

- - - - - - - - - - - - - - - - - - - -

今日のお昼ごはん。クックパッドのレ
シピを参考にして豚こまで作りました。
おいしすぎて、ご飯をおかわり。

 2017/02/26

夜 息子くんの大好きな コロッケで

豚肉巻きバターコーンコロッケ／ペッパーにんじん
／れんこんのきんぴら／野菜の南蛮漬け（前日の残
り）／ねぎみそチーズ焼きおにぎり／黒豆（いただ
き物）／ニラ玉スープ／りんご

- -

金曜日から鼻たれ小僧になった息子くん。元気をつ
けてもらおうと大好きなコロッケを作りました。バ
ターコーン入りのマッシュポテトを豚ロース薄切り
肉で巻いたコロッケ。「うまっ！　うまっ！」を連発。
焼きおにぎりもまさかの「うまっ！　うまっ！」。
ねぎ食べてるよ〜。これ以上の幸せはありません♡

 2017/02/28

昼 家にあるもので作るごはん

納豆キムチ麻婆豆腐　岩のり温玉かけご飯／長いも
の豚肉巻き／トマトと豆苗のナムル／黒豆（いただ
き物）／れんこんのきんぴら／りんご

- -

月末は旦那さんのごはんがいらないので、家にある
もので。多めに作ったこの料理、私の昼ごはんと晩
ごはん。

 2017/03/01

夜 お買い得のイワシを使って

イワシの蒲焼丼　きゅうりと長いもの塩こんぶ和え
／にんじんとレディサラダ大根のなます／トマトと
えのきのおみそ汁／ねぎみそ入り玉子焼き、納豆が
け／さつまいもハニーバター

- -

今日の晩ごはん。お安く手に入ったイワシでごはん。
鬼やおばけを怖がるようになった息子くん。怖くて
泣く瞬間のあの顔が好き。笑。

▶ 2017/03/02

夜 らっきょう入りタルタルで
チキン南蛮

チキン南蛮カレータルタル／にんじんとレディ大根
のなます（残り）／ゴーヤの岩のり和え／さつまい
もハニーバター（残り）／焼き厚揚げ、おろしポン
酢／きのこたっぷり甘酒スープ　土鍋ご飯／豆乳と
甘酒の3色ゼリー

- -

夫婦で大好物のチキン南蛮。らっきょう入りのカレー
タルタル、作ってみました。紅しょうがタルタルに
引き続き、こちらもオススメの一品です。おいし過
ぎて食べ終わりたくない……。3色ゼリーは思いつき。
我が家は男の子なので気分だけのひな祭り。

▶ 2017/03/04

朝 ハニーナッツ
アップルトースト

ハニーナッツアップルトースト／マスタードグリー
ンサラダ　甘酒カフェオレ

- -

内田家の朝ごはん。甘酒生活始めました。アップル
トーストは、薄くスライスしたりんごをパンにのせ
て、マーガリンを数カ所落としてトースト。はちみ
つをからめたナッツをのせて完成。お好みでシナモ
ンを。

夜 今日もご飯が進むおかず

豚こまのしょうが焼き／なすの粕漬け（義実家の手
作り）／ほうれん草のごま和え／大根と厚揚げのき
のこあんかけ　土鍋ご飯　栗きんとん　甘酒ヨーグ
ルト

- -

内田家の晩ごはん。あっちもこっちも盛り盛りになっ
ちゃいました。今日もご飯が進むー。2合炊いたの
に……。このまま寝たら危険です。

昼　夏先どりの
　　カレーでランチ

野菜たっぷり豚カレー（ゴーヤの肉詰め、にんじん、揚げなす、ゴボウチップス、半熟玉子、湯むきトマト）　マスタードグリーンサラダ（残り）　栗きんとん（残り）

- -

内田家のお昼ごはん。息子くんももりもり食べてくれた、夏を先どりの豚こまカレー（昨日の豚こまの残りです）。

夜　豆腐お好み焼き

豆腐お好み焼き／ほうれん草のごま和え（残り）／白菜の漬物（義実家の手作り）／お赤飯（義実家の手作り）／しらすのおろしポン酢（紫大根）／きのことワカメのおみそ汁

- -

内田家の晩ごはん。昼のカレーががっつりだったので夜はヘルシーに。もうすぐ旦那さんと息子くんの誕生日。義実家よりお赤飯が届きました。お好み焼きのリクエストがあったので、粉不要の豆腐お好み焼きに。ふわふわで軽く食べられちゃう。おいしー♡　ヘルシーなのがありがたーい。

09 @iさん
Ai

➡ Instagram user name「aibondsmile_88」
https://www.instagram.com/aibondsmile_88/

家族構成
主人、自分、長男8歳、次男6歳

食費について
外食費や酒代、米代を含まない食費は毎月3万円ほどです

1日のうち調理にかかる時間
朝晩合わせて平均1時間くらい

季節感を大切に、子どもたちが目で見て楽しめるごはんに。

埼玉県在住。パート主婦の32歳。長男は離乳食を食べずに偏食。次男は3大アレルゲンの完全除去食。子どもたちの存在から食事の大切さを考えるようになりました。うれしいことに今は長男の偏食も次男のアレルギーもなくなり、主人を筆頭に我が家のメンズはほとんど好き嫌いせずよく食べます。「今日のごはん何?」の質問に毎日メンドクサイって思うけど、「おいしい‼」の言葉に毎日アリガトウ。

▶ 献立へのこだわり
素材の味を活かす和食を中心に野菜をたっぷり使った食事。旬の食材や特売品、見切り品を取り入れて節約も。

▶ 献立の決め方
主菜、副菜で色んな味付けや食感を楽しめるようにし、子どもたちの給食や前日と同じタンパク源は使わない。

▶ 2017/05/25
夜 楽チンお子様カフェ

ビビンバ風／トマト／アスパラ　きのこのマリネ／サラダ／オクラのスープ　ぶどう

朝にきのこのマリネとビビンバ風の下ごしらえをしておいたので、帰宅後にご飯と混ぜて、目玉焼きを焼いてスープを作っただけ (*´꒳`*) ♥ 旬のアスパラがおいしい。新しい仕事は9〜17時なので、仕事と家事と子どもたちの宿題やプリント整理が終わるともう脳からの攻撃が激しくて眠い。

▶ 2017/05/27

サッカー弁当

おにぎり／サクサクミノムシ／玉子焼き　野菜色々

〔昼〕

今日は長男のサッカー弁。まだ始めたばかりで公式戦には出られないけど、午後からの練習試合には出られるみたいです。私は今から仕事で見にいけないから気持ちだけ。大好きなサクサクミノムシ（笑）。玉子焼きも次男は甘い玉子焼きが好きだけど、長男はだしのが好き♥　明日は見にいくからがんばれー。

▶ 2017/05/28

お肉たっぷり牛丼弁当

牛丼／玉子焼き　野菜色々

〔昼〕

今日も長男のサッカー弁。公式戦じゃないので、今日は朝から気合い入れて試合に臨む長男に。「やるっきゃない!!」。お昼はきっと腹ペコになるだろうから大好きなお肉たっぷり牛丼（*´~`*）　掃除して応援に行きます。

▶ 2017/05/30

お子様定食

ご飯　豆腐とオクラのみそ汁　メカジキのバターしょうゆ焼き　大根サラダ　きのことズッキーニのソテー／海藻ビーズの酢の物／2色豆　ぶどう

〔夜〕

主婦歴9年。飲食店パート歴4年半。かつらむき、できません。今度は和食のお店なので包丁の技術が全くない私はチキン野郎です。体はブタ野郎です。……とりあえず練習あるのみ。大根サラダならがんばればなんとか形になりそうですが、目指すところはツマ。道のりは年単位になりそうです。

▶ *mini column*

これからの献立

朝に下ごしらえをして帰宅後スムーズに料理できるようにしていますが、作りおきはほとんどしていません。同じものを出して「またこれ？」と言われないよう、作りおきからいくつかレシピが作れたらと思っています。

季節感を大切に、子どもが飽きずに楽しんで食べられるように工夫しています。

▶ 2017/06/02

 夏バテ知らずの晩ごはん

ご飯／じゃがいもと玉ねぎのみそ汁　手羽元のさっ
ぱり煮　サラダ　キムチ　五目ひじき煮／ヨーグルト

大好きな夏野菜のなす!!　少し手間はかかるしカロ
リーは高くなるけど、一度素揚げすると色落ちしな
くてきれいなまま♥　さっぱり仕上げで暑い日もモ
リモリ食べれちゃう！　我が家の食欲に夏バテはあ
りません。

▶ 2017/06/06

 サクサクミノムシ

雑穀ごはん　ほうれん草のかき玉みそ汁　サクサク
ミノムシ／添え野菜　もやしのナムル　カボチャの
煮付け　アメリカンチェリー

長男坊「ママァ～。サクサクミノムシ食べたい♥」。
前の学校の給食メニューで大好物だったやつ。10日
前のお弁当にも入ってたやつ。ミノムシみたいな見
た目で食感サクサク……って書くとなんか怖いけど、
まじウマなんです。給食ではささみだったけど、我
が家はささみだったりむね肉だったり。

▶ 2017/06/08

 ハヤシライス

たっぷり3種きのこのハヤシライス　紫いものポタ
ージュ　ビール風ゼリー

今日は何だか朝やる気なくて、何も下ごしらえせず
に出勤。ってことで帰宅後はご飯を炊いている間に
ハヤシライス♥　ポイントはきのこ多めにすること
と、ジックリことこと煮込むこと。まいたけを入れ
るとお肉をやわらかくしてくれるからオススメです
♥　りんごジュースとジンジャーエールでかんたん
ビール風ゼリー。

▶ 2017/06/12

 夜　冷静な冷しゃぶ

もち麦入りご飯　厚揚げと長ねぎのみそ汁　冷しゃぶサラダ／にんじんのタラコ炒め　紫いもの甘露煮／とうもろこし／メロン

- -

土日は連日早朝から丸1日遠征で、試合をがんばった長男のために‼　今日は大好きなお肉に紫いも甘露煮にとうもろこしにメロンやで。ビタミンカラーなごはん。昨夜は私が荒れたので色々冷蔵庫にあるものブッコミカレーでした (笑)。煮えくり返る怒りをグツグツと。冷静に戻った今日は冷しゃぶです。

▶ 2017/06/15

朝　ブーブー朝ごパン

ツナサンド／コールスローサラダ　グリーンサラダ／スープ／カフェオレ

- -

今日はゆったり10時出勤。今日の朝ごパンの中身はツナ。子どもたちは朝からブーブー言いながら食べてました (豚の真似ね)。朝から出されたものにブーブー言ったらマジ豚足飛ぶよ？

▶ 2017/06/26

夜　伊豆産のトロアジ

もち麦入りご飯／かき玉みそ汁／トロアジの開き／夏野菜の炊き合わせ／とろろ／ごぼうサラダ／ヨーグルト

- -

久々のトロアジ。干物は伊豆産に限るなぁと上から目線な静岡県出身です……。今日はお仕事休みだったので、丁寧にひとつひとつ煮た夏野菜の炊き合わせ。が‼　オクラのうぶ毛処理が自分の無駄毛処理並みに甘かった！　夏なのに！　味付けはシンプルにおだしと塩、みりん、しょうゆ。薄味仕立てでお野菜のおいしさをお楽しみください。

▶ 2017/07/02

夜 **ドサッとバサッと スピードごはん**

じゃことタラコの混ぜご飯　キャベツと玉ねぎのみ
そ汁／グリーンサラダ　春雨サラダ　キムチ　ミニ
トマト／黒豆　さくらんぼ

今日は長男が朝から1日試合だったのでスピードご
はん!!　朝、お弁当と同時にサラダ系は作って冷蔵
庫で待機。春雨サラダの調味料はいつもの⅔くらい
の量で半日おくといい案配。帰宅後はおみそ汁作っ
てる間にご飯にドサッとじゃこと、バサッとタラコ
をかき混ぜてでき上がり!!　じゃことタラコに塩分
入ってるので味付けも必要なし（｡￣▿￣｡）ウシシ

▶ 2017/07/06

夜 **自宅でおろした アジをフライに**

雑穀ご飯　カボチャと玉ねぎとしめじのみそ汁／ア
ジフライ／添え野菜／明太子／煮豆　ブロッコリー
と玉子サラダ／豆乳ロールケーキ

多分人生初の自宅で魚おろし。血嫌い、生臭いの嫌
い、汚れるの嫌いのトリプルアタックから、受け身
どころか逃げ回ってましたが、仕事で必要に迫られ
てようやく。とりあえずかんたんといわれている背
開き。アジフライにしていただきます！（笑）

▶ 2017/07/09

朝 **ライスラブの朝ごはん**

ご飯／ほうれん草と玉子のみそ汁／ブロッコリーと
カボチャとクリームチーズのサラダ／しらす　こん
ぶの佃煮／煮豆

今日の朝ごはん。夕飯モリモリな我が子たちは、朝
はうって変わってかなり少食。ご飯ならお茶碗に軽
く1杯が限界です。それでも今日はおかわり!!　今日
試合の長男も朝7時からモリモリ。暑さに負けるなー！
いただき物のお米を土鍋で。旦那さんの本家がお米を
作っているので、結婚してからはもったいないくらい
の贅沢で、おいしい新潟のコシヒカリを食べている。

▶ 2017/07/10

 **体にいい
脂を使って**

デコトースト

おやつ（長男の補食）。サッカー終わっ
たらすぐ補食‼　な長男に疲労回復効
果もあるピーナツバターを塗ったテッ
ド様。運動後に脂っぽくない⁉　ノン
ノン。身体にいい脂だから大丈夫。食
べ過ぎは注意。ダイエット中でもとっ
てほしい脂だよ♥　目鼻は「スライス
生チョコレート」。次男が目の型抜き
手伝ってくれました。鼻と口はペティ
ナイフの切り先でシャーっと。

▶ 2017/07/13

 **粘りが出るまで
粘ったつくね**

雑穀ご飯／ほうれん草のみそ汁　豚鶏
つくね／ピーマンとにんじんのじゃこ
和え／カボチャとクルミのサラダ／グ
リーンサラダ／さくらんぼ

つくねは、とりあえず粘りが出るまで
混ぜる。粘るまで粘る。すぐ諦めたら
そこで粘り終了よ！　肉自体の粘り具
合で、仕上がりがやわらかくなって一
体感が生まれる。「肉 ──── ！」って
感じのつくねが好きな人はコネコネコ
ネコネ、くらいで。粘らせちゃダメ。
うちは次男が魚派でかたいお肉は苦手
なので、めっちゃ粘らせます。

10 岡崎絢子さん

Okazaki Ayako

→ Instagram user name「77ponchan99」
https://www.instagram.com/77ponchan99/

家族構成 夫、自分	
食費について 毎月3万円以内	1日のうち調理にかかる時間 約1時間

身近な食材で
作られる、
どこか懐かしい
献立です。

北海道在住。31歳の主婦です。愛妻弁当、フライパン料理が好きです。食材を捨てるのが嫌なので、傷む前に使いきることを心がけています。ほとんど食材を捨てたことがないです。家にある調味料で作る料理がほとんど。珍しい食材などはあまり使いません。

▶ 献立へのこだわり
お昼のお弁当は働く人の一番楽しみな時間なので、好きなものを詰めてあげています。

▶ 献立の決め方
冷蔵庫と相談します。

▶ 2017/01/21

夜 マグロ丼で夕飯

マグロ丼　鶏の唐揚げ　ミニトマト　煮豆　じゃがいもの煮物　みそ汁

お夕飯。おや??　と、いつもとの違いに気付いたそこのあなたは、もはやマニアだと思います。正解は……箸の向き。ごちそうさまでした。お風呂沸かそう。

朝 **安定の納豆ご飯**

ご飯／納豆　みそ汁　など

- -

昨日のお残りさんで遅めのごはん。昨日の晩ごはん
写真、気付いてくれた方がたくさんいてうれしかっ
たです。金曜日からママと晩ごはん食べていたので
す。ご飯は安定の納豆飯。私は必ず納豆にマヨネー
ズ、三升漬を入れて食べます。もちろんねぎもね。

夜 **朝ごはんのような晩ごはん**

ご飯／ベーコンエッグ／ミニトマト　納豆／たくあ
ん／じゃがいもの煮物

- -

朝と大して変わりませんねー。駄菓子菓子（だがし
かし）‼　大好きなベーコンエッグ。ごちそうさま
でした。1人だと献立考えなくていいから楽ちん。

夜 **ヒレカツ定食**

ヒレカツ／せん切りキャベツ　ご飯／みそ汁

- -

旦那くんは出張先の沖縄飯が口に合わなかったらし
く、私のごはんを「おいしい、おいしい」と食べて
くれた。うれしいわ‼‼‼‼　明日のお弁当にヒレカツ、
スライドでーす。いつも使ってるこのお箸は沖縄の
お箸で「うめーし」というみたいです。長くて食べ
やすいしレトロでお気に入りです。

▶ 2017/01/24

昼 **ヒレカツ弁当**

ヒレカツ／フライドポテト／スナップえんどう　ゆ
で玉子　ミニトマト　黒米ご飯

久しぶりの崎嫁弁当。ヒレカツ弁当。黒米炊いたし、
久々にわっぱに詰めたくなり。わっぱ弁当が冷めて
も一番おいしい……。行ってらっしゃい。

▶ 2017/01/25

昼 **こってり弁当**

ヒレカツ／チーズIN玉子焼き　ハムみたいなミート
ローフ（もらい物）／長いもバターソテー　ミニト
マト　スナップえんどう　タラコ　黒米ご飯

昨夜お仕事から帰ってきた旦那くん。風邪ひいたか
もと熱を測ると38.5度。お弁当は作りましたが、朝
起きてまた測っても下がってない……。寒いっ
て言ってるしまだ熱上がるね……。お昼にこんなこっ
てりなお弁当食べれるかしら。もったいないから食
べ゛すけどね。沖縄寒かったみたいだし、寝不足だっ
たみたいだからそれで風邪ひいたんだな、きっと。

夜 **ニトリのトレーで定食風に**

チーズはんぺんフライ／せん切りキャベツ／煮豆
みそ汁　黒米ご飯

チーズはんぺんフライ。親友ちゃんから暇だとLINE
が来たので、洗い物して会いにいってきます。風邪っ
ぴきの旦那くんは食欲あるけど寒気が治らない。ニ
トリのトレーかわいー。箸置きにしているのはハイ
ネケンのふた。

▶ 2017/01/26

朝 リクエストの目玉焼き

目玉焼き　ウインナー／スナップえんどう　タラコ
　黒米ご飯　など

- -

今日は旦那くんは午後からお仕事。家でゆっくりご
はん食べてから、さっき出ていきました。余ってた
黒米で。ごはん食べてソファーでダルそうにしてる
から、熱測ってもらったら37.5度……。とりあえず
行ったけど辛かったら帰ってくると。食欲はあるみ
たいで、リクエストでいつも通りなウインナー目玉
焼き。

昼 キャベツメンチどーん

メンチカツ　玉子焼き／ウインナー／ブロッコリー
／ミニトマト／焼きサケフレーク　ご飯

- -

午後からお仕事の旦那くんは夕方に食べるみたい。
キャベツメンチどーんなお弁当。キャベツメンチは
友達からもらった冷食。天気がいいし暖かい。昨日
親友ちゃん宅で怖いやつ一緒に見てたんだけど、私
は怖くて手で目を隠す、親友ちゃんは怖いけどガン
見して叫ぶ、私はその叫び声に驚く。悪循環。

夜 ひとりごはん

パクチーラーメン

- -

賞味期限切れのパクチーラーメン。「東京タラレバ
娘」見てる人いる？　あれグサグサくるよねー。30
超えたら女の子じゃないとか、女子会とはいわない
とか。からの今日も食べ過ぎ。

▶ 2017/01/27

久しぶりのお好み焼き風

昼

お好み焼き風玉子焼き ミートローフ ウインナー 山いもバターソテー スナップえんどう ミニトマト

おはようFriday。崎嫁弁当。何も考えないで作ったらごちゃついたー。久々のお好み焼き風玉子焼きが登場。

▶ 2017/01/28

昭和感の出なかったお弁当

昼

お好み焼き風玉子焼き おもちの肉巻き コロコロステーキ 切り干し大根 ミニトマト ご飯 いちご

おはよう、Saturday。崎嫁弁当。昭和感出したくてバラン買ったけど、昭和感なんて出やしない。いちごはいただき物。

▶ 2017/01/29

ポーク玉子定食

夜

ポーク玉子 じゃがいもの煮物 みそ汁 タラコ ご飯 いちご

ポーク玉子定食。明日のお弁当もまんまスライドですー。旦那くんはご飯といも煮をおかわりしてましたよ。

▶ *mini column*

これからの献立

「ヘルシオ」を使いこなせてないので、オーブン料理を極めたいです。

ドリアやグラタンを作ることも。

昼 **ポーク玉子弁当**

ポーク玉子／ご飯　ブロッコリー／ミ
ニトマト　いも煮

- -

おはよう、Monday。崎嫁弁当。ポーク
玉子弁当。何だか寂しすぎるので、い
も煮も持たせました。秒でできたお弁
当。行ってらっしゃい。

▶ 2017/01/31

昼 **のり入り
　玉子焼き弁当**

ブロッコリーの肉炒め／ウインナー／
玉子焼き／ナポリタン／黒米ご飯

- -

おはよう、Tuesday。崎嫁弁当。玉子焼
きにのり入れたら耳みたいになった。
次回リベンジ。小さいのりでやるとま
た失敗しそう。ブロッコリーはお肉と
一緒に炒めました。そんな火曜日。

11 つくりおき食堂さん
Tsukuriokishokudo

Instagram user name「tsukurioki_shokudo」
https://www.instagram.com/tsukurioki_shokudo/
「つくりおき食堂」
http://mariegohan.com/

家族構成	
夫、自分、長男３歳、長女０歳	
食費について	１日のうち調理にかかる時間
月3万5千円くらいです（外食費は含みません）	週末に１～２時間かけて作りおき。平日は朝5分、昼5～10分、夜5～15分程度です

作りおきと時短料理で、子どもと夫の喜ぶ食事を。

子どもの頃から食品と料理が好きで食品生化学を専攻したアラフォーの会社員です。「忙しいけど料理がしたい」と思っている方向けに短時間でかんたんに作れるレシピのブログ「つくりおき食堂」を始めました。かんたん時短レシピと1週間の作りおきおかずを紹介しています。お弁当向きのおかずとレンジだけでできる時短料理をたくさん紹介しているので作りおきしない方にも。

▶ 献立へのこだわり
赤、緑、白の3色を入れるようにしています。汁物は品目数を増やすのに最適な料理なので、毎週具だくさんスープまたはおみそ汁を。

▶ 献立の決め方
最初に5日分の主菜を決めてそれに合う副菜を考えます。主菜は鶏、豚、ひき肉、魚を少なくとも1回は使うようにします。

▶ 2017/06/04

1 6月1週目の作りおき

パプリカの塩麹サラダ　塩麹で時短鶏ハム／肉だんご／サラダチキン／アジの南蛮漬け／やみつき無限キャベツ（P.93参照）　もやしとワカメのナムル／塩麹豚／ふわふわ豆腐ハンバーグ

鶏肉のおかずを2種、ひき肉のおかずを2種、魚のおかずを1種、豚肉のおかずを1種用意しました。副菜は赤系、緑、白が入るように。写真のおかずのほかに、焼きトマトのスープ、梅こんぶキャベツなども作り足しました。

朝 あったかスープの朝食

焼きトマトのスープ／フルーツグラノーラ　バナナ

もうすぐ3歳になる息子の朝ごはんです。焼きトマトのスープに「フルグラ」とバナナを合わせました。バナナはきれいに切って並べましたが、スプーンでちぎってのせても。フルグラだけだと冷たいものだけになってしまうので、温かいスープと合わせてみました。

昼 彩りひとりランチ

焼きトマトのスープ／サラダチキン　パプリカの塩麹サラダ／ベーグル

私のランチ。パプリカは薄切りにしてサラダチキンの上にのせました。パンはおいしいベーグル屋さんのプレーンベーグル。パプリカの塩麹サラダは2分くらいでできて彩りを追加できるので、ほぼ毎週作っています。

夜 息子用晩ごはん

肉だんご／やみつき無限いも／梅こんぶキャベツ／パプリカの塩麹サラダ／焼きトマトのスープ

息子の晩ごはんはプラスチックの大皿におかずを2〜4種類のせることが多いです。やみつき無限いもは盛り付けた量だけでは足りず、おかわりしました。

▶ 2017/06/06

朝 **卵かけごはん**

焼きトマトのスープ／卵かけご飯

- -

焼きトマトのスープを卵かけご飯と合わせました。
卵かけご飯はおみそ汁と合わせることも多いのです
が、焼きトマトのスープともよく合います。ちなみ
に息子の昼ごはんは保育園の給食です。

昼 **私の時短弁当**

ふわふわ豆腐ハンバーグ　もやしとワカメのナムル
　パプリカの塩麹サラダ

- -

多くの方に作っていただいている豆腐ハンバーグを
入れました。冷めてもやわらかいのでお弁当におす
すめです。パプリカの塩麹サラダはお弁当の彩り追
加に使えるので、作っておくと便利。現在は育休中
なのですが、娘と一緒に子育て支援センターに行く
のに持参しました。

夜 **夫の晩ごはんも彩りよく**

アジの南蛮漬け／やみつき無限キャベツ／もやしと
ワカメのナムル／パプリカの塩麹サラダ／焼きトマ
トのスープ

- -

おかずの味付けがかぶらないように5種類盛り付け
ました。お酢をきかせた南蛮漬けは日持ちするので
作りおきに大変おすすめなのですが、油断するとお
酢味のおかずばかりになってしまうので気を付ける
ようにしています。副菜を作るときのカギになる赤、
緑、白を全て入れて彩りよくなるように。

左上／今週の作りおき。 右上／
12日の息子の朝食。 右下／
私のランチ。おいしいベーグル
にサラダを組み合わせて。 左
下／小腹が空いたときは蒸し鶏
でフォーもどき。夕飯は作りお
きを盛り付けるだけで完成。

▶ 2017/06/11〜13

2 6月2週目の 作りおき

サケとトマト・きのこのアヒージョ
／なすの煮びたし／エリンギの肉
巻き 蒸し鶏 にんじんシーザー
サラダ／サラダチキン きゅうり
ともやしのツナサラダ なめたけ
／ピーマン南蛮

- -

保存袋で作る鶏むね肉のおかずが
2品、レンジだけで作れるかんた
んおかず7品を作りました。

朝 昼 夜 今週の作りおき 活用献立

にんじんシーザーサラダ／粉ふき
いも＆カニカマ／サケとトマト・
きのこのアヒージョ／きゅうりと
もやしのツナサラダ など

- -

息子はにんじんシーザーサラダは
チーズ味が気に入ったようで朝か
らたくさん食べてくれました。粉

ふきいもは、じゃがいもをレンジ
してつぶし、軽く塩をふって。
シーザーサラダとアヒージョは洋風
ですが、中華や和風味のツナサラ
ダとの相性も◎。きゅうりともや
しのツナサラダは色々なおかずに
合わせやすい親しみのある味です。

recipe
レシピ

▶ 塩麹で時短鶏ハム

作りやすい分量

- 鶏むね肉　1枚（約300g）
- 塩麹　大さじ2

1. フォークで鶏肉に数カ所穴をあけ、保存袋に鶏肉と塩麹を入れる。袋の上から軽くもんで塩麹を鶏肉全体にいきわたらせる。保存袋の中で鶏肉を筒状に丸め、空気を抜いて口をしっかり閉じる。

2. 鍋に8分目まで水を入れて沸騰させ、ごく弱火にする。1を袋ごと湯に入れ、ふたをせずごく弱火のままで3分煮る（コンロで一番弱い火加減にすること）。

3. 火を止め、保存袋の上側が鍋の外側に出るようにふたをし、4〜5時間ほど余熱で温めてでき上がり。

point

保存袋内に肉汁が出ますが、塩麹と混ざっておいしいタレになっているので捨てないこと。保存袋は耐熱性のあるものを使ってください。

▶ エリンギの肉巻き

作りやすい分量

- エリンギ　2本
- 大葉　4枚
- 豚肉（薄切り）　8枚（160〜200g）
- しょうゆ　大さじ1
- 酢　大さじ1
- 砂糖　大さじ1
- 麺つゆ（2倍濃縮タイプ）　大さじ1
- 飾り用の大葉　適宜

1. エリンギは縦に四等分し、大葉は半分に切る。

2. 豚肉は1枚ずつ広げ、豚肉1枚の手前にエリンギ1切れ、大葉½枚をのせ、手前から巻く。残りも同様に巻く。

3. 耐熱容器に調味料をすべて入れ、軽く混ぜる。加熱中に溶けるので砂糖は完全に溶けなくてもOK。

4. 3に2を入れ、ラップをふんわりかぶせて、電子レンジ（600W）で3分30秒〜4分加熱してでき上がり。あれば、せん切りにした大葉をのせても。

point

豚肉は薄切りであれば、バラ、こま切れ、ロース、何でもOKです。

▶ にんじんしりしり

作りやすい分量

- にんじん　大1本（200g前後）
- ごま油　大さじ½
- 卵　1個
- A｜しょうゆ　大さじ1
　　｜みりん　大さじ1
　　｜砂糖　小さじ1
- かつお節　小1袋（2〜3g）

1. にんじんは皮をむき、包丁またはスライサーで細切りにする。

2. 耐熱容器に1とごま油を入れて混ぜる。ラップをふんわりかぶせ、電子レンジ（600W）で2分加熱する。

3. 2に卵を割り入れてよく混ぜ、Aを加えてさらに混ぜる。ラップをふんわりかぶせて電子レンジ（600W）で2分30秒加熱する。

4. 3にかつお節を入れ、よく混ぜる。

point
かつお節でうまみを加えています。麺つゆなしでも作れるレシピです。

▶ やみつき無限キャベツ

作りやすい分量

- キャベツ　¼玉（300gほど）
- 塩　ひとつまみ
- ツナ缶（オイル煮）　1個
- A｜マヨネーズ　大さじ½
　　｜ごま油　大さじ½
　　｜麺つゆ3倍濃縮　大さじ½
- 中華スープの素（顆粒）　小さじ1
- 白炒りごま　大さじ½

1. キャベツはせん切りにして耐熱容器に入れ、塩をふりかける。ラップをふんわりかぶせて電子レンジ（600W）で2分30秒加熱する。全体を混ぜ、水けをきる。

2. ツナ缶は油を軽くきってボウルに入れ、Aを加えてなめらかになるまで混ぜる。

3. 1が温かいうちに中華スープの素を入れてよく混ぜる。2とごまを加えて全体をよく混ぜる。

point
ツナのうまみがキャベツにからんで箸が進みます。

12 かずみさん
kazumi

➡ Instagram user name「mogumogu.oisii.gohan」
https://www.instagram.com/mogumogu.oisii.gohan/

家族構成	
夫、自分、長女10歳、長男8歳、次男4歳	
食費について	1日のうち調理にかかる時間
毎月3万円	朝食は15分以内、夕飯は30分から1時間半

野菜たっぷり、
健康的でおいしい
毎日のごはん。

三重県在住。結婚10年、30代のmamaです。大学で栄養士の資格をとったこともあり、お料理は大好きです。主人と子どものために、健康的で野菜多めのごはんを心がけて作っています。朝、子どもの幼稚園バスが来るまでの間に下ごしらえや作りおきをしています。もっと料理の勉強をしてレパートリーを増やしたいです。

▶ 献立へのこだわり
野菜をたくさん使って、品数も5品以上が目標です。

▶ 献立の決め方
冷蔵庫にあるものから、主菜になる食材をひとつ決めて、それを使って何を作るか考えます。そのあと副菜は野菜多めのメニューを考えていきます。

▶ 2017/06/20

朝 ゆっくり朝ごはん

おにぎり／オムレツ／ウインナー／サラダ／玉ねぎと小松菜のみそ汁／メロン／牛乳

今日の朝ごはん。今日は朝からエアコンの取り付け工事。そのために早起き。そんな日はゆっくり朝ごはんを作ってみた。メロンはいただき物。ポテトサラダは昨日の残り物。うちのポテトサラダには、クリーミーにするためプレーンヨーグルトが少し入っています。ラディッシュは家庭菜園で作りました。

朝 おいしいハムチーズ
クロワッサン

ハムチーズクロワッサン／目玉焼き／
サラダ／チーズ／みそ汁

今日の朝ごはん。パン屋さんで買って
きたハムチーズクロワッサン。これめっ
ちゃおいしいんです♥ みそ汁はいつ
も前日の夜に翌朝の分も一緒に作って
います。最近買ったBread and Riceの食
器は色がきれいでお気に入りです。

夜 和風の夜ごはん

マグロご飯／カレイのみりん漬け（生
協）／味付け玉子／長いもの甘辛煮／
大根、豆腐、小松菜のみそ汁／サラダ

今日の夜ごはん。今日は冷凍食品を使っ
て。生協の冷凍のお魚は骨を抜いてあ
るものもあって、子どもにはとても食
べやすいのでよく利用します。味付け
玉子は作りおき。朝、ゆで玉子を作っ
てつゆに漬けて冷蔵庫に入れておけば、
夕飯でおいしく食べられます。お魚の
器は陶芸教室で作ったもの。

昼 **持ち寄りランチ**

パン ベーコンとほうれん草のキッシュ
／サラダ スープ

今日はお友だちの家で持ち寄りランチ
♥ 私はベーコンとほうれん草のキッ
シュを焼いていきました。パンとスープ
でおしゃれなランチのでき上がりです。

夜 **定番の肉じゃがで**

しそご飯 みそ汁（豆腐、小松菜、薄
揚げ）／肉じゃが 大根サラダ（大根、
きゅうり、ラディッシュ、ツナ）／煮
玉子 さくらんぼ

今日の夜ごはん。肉じゃがおいしいで
すよね。牛こま肉を使ったら牛がどっ
かいってしまいました^^;　お皿はよ
しざわ窯のです♥　最近食器集めにハ
マっています。インスタを始めて色ん
な方がアップしているかわいい食器を
見るようになって、どこへ行っても食
器売り場を見るようになりました。よ
しざわ窯さんもそのひとつ。

▶ 2017/06/24

朝 目玉焼きの
朝ごはん

おにぎり／目玉焼き／ウインナー／サラダ／ヨーグルト／キウイ／さくらんぼ

- -

今日の朝ごはん。目玉焼きを作るときは、ふたをせずにゆっくり焼くと黄身がきれいに仕上がると聞いたのでやってみました。マグカップは沖縄で買ったものです。

▶ 2017/06/25

夜 初めての
タラモサラダ

麻婆なす／タラモサラダ／さしみこんにゃく／みそ汁（大根、にんじん、玉ねぎ／ワカメ）／ご飯

- -

今日の夜ごはん。初めてタラモサラダを作ってみました。タラコが苦手な長男もおいしいと食べてくれました。長女と次男はタラコが大好物なので、もちろん大喜び。

夜 子どもたちの
大好物で

春巻き　こんにゃくの酢みそ和え　も
やしサラダ　大根と油揚げ、ねぎのみ
そ汁　ご飯　フルーツ

- -

今日の夜ごはん。子どもたちの大好き
な春巻き。こんにゃくは友達の手作り。
春巻きの具はウインナーとチーズ、豚
ミンチと春雨などを炒めたもの、ゆで
たキャベツとツナを和えたものの3種類。
ボーダーのお皿は三重のクラフト作家
石川さんのもの。

▶ 2017/06/28

夜 アスパラの肉巻き

アスパラとえのきの肉巻き　カボチャ
の煮物　サラダ　野菜スープ（玉ねぎ、
にんじん、ベーコン、ズッキーニ）
ご飯

- -

今日の夜ごはん。ポイントは紫キャベ
ツ。これが入るだけで料理の色合いが
すごくきれいになります。ご飯茶碗は
子どもたちと陶芸教室で作ったお気に
入りです。

▶ 2017/06/29

 朝 トーストで朝ごはん

トースト／サラダ　ゆで玉子　野菜スープ　ヨーグルト（ジョア）／牛乳　さくらんぼ

今日の朝ごはん。昨日の残り物のスープ。朝からしっかり食べますよ。毎朝のヨーグルトは我が家では欠かせません。腸内環境を整えて、病気に負けない体を作ります。

夜 そうめんで夜ごはん

そうめん／ハム、玉子、きゅうり、揚げなす、オクラ、しそ／豚カツ／もやし炒め

今日の夜ごはん。子ども3人の食欲は半端ないです。作っても作ってもなくなります。作りおきしたつもりが、全部その日になくなってたりもしますよー。このそうめんもあっという間になくなりました。これからまだまだすごくなりますよね。がんばって子どものために作ります♥　カツは義母から届きました。いつもありがたいです。

▶ 2017/06/30

 昼 残り物でランチ

そうめん／ミニトマト／ねぎ・ミョウガ・ミニトマト／ゆで玉子

昨日の残り物のそうめんでお昼ごはん。我が家の麺つゆは、ヤマモリの「そのままつゆ　そうめん」です。夏はそうめんの回数が増えますよね。我が家では子どもたちは電動流しそうめん器で楽しんで食べています。

13　えりかさん
Erika

➡ Instagram user name 「erikaaaa.a」
https://www.instagram.com/erikaaaa.a/

家族構成	
夫、自分	
食費について	1日のうち調理にかかる時間
毎月3万円（調味料や米、酒類も全て含む。外食は除く）	日によって朝はお弁当に40分、夜は1時間程度

少しでも
身体によいものを
無理せず
とり入れる。

26歳、兵庫県生まれ。現在は大阪で夫と2人暮らし。1年半前の結婚を機に本格的に料理を始めました。普段は2人分のお弁当と夕飯を作っています。夫婦共働きのため、「時短料理」、それでいて「目で見て楽しめる食卓」がモットー。無理せず自分にできることを楽しむ毎日です。

▶ 献立へのこだわり
どんな料理でも、彩りは特に意識しています。赤・黄・緑は必ず入るようにして、旬の食材もたくさんとり入れるようにしています。

▶ 献立の決め方
冷蔵庫にある食材でできるもの、私の食べたいもの、夫の好きなもの。この3つのどれかに当てはまるようにしています。

▶ 2017/05/20

昼　**休日はゆっくりブランチ**

オープンサンド（ポテトサラダ、スクランブルエッグ）　サラダ　ヨーグルト　アイスコーヒー

今日のブランチ。久しぶりに旦那さんとゆっくりできる休日。キッチンで歌ったり踊ったりしながら一緒にオープンサンドを作る変な夫婦ですが、こういう時間が何よりも好きです（歌ったり踊ったりは、私です）。お天気もいいし気分最高。今日は普段できていない家のことをして過ごします。

朝 厚切りパンで
フレンチトースト

キャラメルフレンチトースト（いちご
とバニラアイス添え） アイスコーヒー

パン屋さんで買った厚切り食パンはフレ
ンチトーストにぴったり。昨夜もまた
また焼き肉に行って夜遅くまで食べて
いたので、お腹いっぱい状態で朝起き
たのに、結局モーニングもがっつり
……。食べるって幸せ。そして今から
友達とランチへ出かけます。

▶ 2017/05/23

夜 食欲がない
ときでも……

豚バラと長いもの中華炒め 豆腐和風
サラダ／そら豆／もずく納豆

2人とも食欲がなく、何もいらないく
らいだったけど、栄養面を考えて食べ
ないわけにもいかず……。結局かなり
余っちゃったけど、少しでも食べられ
てよかった。これからの季節、食欲が
減るだろうから栄養満点のあっさり料
理を考えていかないとです。

▶ 2017/05/24

昼 盛りだくさんの お弁当

ウインナーと小松菜の塩炒め　玉子焼き　カボチャ煮　豚バラと長いもの中華炒め（昨夜の残り）　ミニトマト　ごま塩ご飯　べったら漬け

- -

今日はどんよりなお天気。今まで朝起きたらまず支度して、残りの時間でお弁当作りだったけど、最近は朝一のぼーっとしているときに、何も考えずお弁当のおかずを作って体を起こしていくっていう流れが好きです。

夜 大好物で 盛り盛りサラダ

特製サラダ（塩麹サラダチキン、えびマヨ、たこ、パプリカのソルト炒め、ズッキーニのガーリック炒め、ゆで玉子、野菜）

- -

なかなか食欲の戻らない今夜は、旦那さんの大好きなものを詰め合わせた、盛り盛りサラダ。「食欲がなくても食べやすいものってなにかないかな〜」と考えて思いつきで作ってみました。アボカドとコーンと大豆も用意していたのに、具が多過ぎてのせるの忘れました（笑）。

昼 **カラフル弁当**

ゆで鶏の香味しょうゆかけ　煮玉子　ブロッコリー　オクラちくわ　カボチャのごまマヨネーズサラダ　お花ハム　ミニトマト　わさびふりかけご飯　べったら漬け

雨降りで外からの涼し〜い風が心地よい朝でした。今日の夕飯は何にしようかな。お弁当を作り終えたと同時に、そんなことを考えてしまう主婦の職業病。ひとまずお仕事がんばろう。

夜 **旦那さんの大好きな野菜の肉詰め**

しいたけの肉詰め　ピーマンの肉詰め　彩りサラダ　冷や奴

今日は旦那さんの大好きな肉詰め。好きなだけ食べられるように、大皿に盛りました。元々私の実家では基本的に全てひとりひとりのお皿、旦那さんの実家は大皿盛りが多かったので、はじめは小分けにして食卓に出すことが新鮮だったようです。家庭によって色々な形がある。

昼 お弁当も 大好物の肉詰めで

肉詰め（しいたけ、ピーマン）　カボチャ煮　アスパラとウインナーのソルト炒め　オクラ　ミニトマト　ご飯

昨夜の肉詰めがたくさん余っていたのでお弁当にも入れました。寝る前、旦那さんが「ねーねー、こんなに肉詰め余ってるってことは、明日のお弁当も肉詰めだよね、わーいわーい」って楽しみにしていてくれたので喜んでくれるはず。

夜 ナンでピザとイタリアン

ナンピザ（2種）　ツナと水菜の和風パスタ　イタリアン冷や奴　ズッキーニとパプリカのオイル炒め

今夜は、デルソーレ「手のばしナン」でかんたんピザ。普段カレーにしか使っていませんでしたが、具をのせてトーストすると、かなりもちもち食感でおいしかったです。ほかのお料理にも試してみよう。あとはそれに合わせてなんちゃってイタリアンにしました。

昼 楽チン2色丼弁当

2色丼（肉そぼろ　炒り玉子）　オクラ　ミニトマト

休み明けの今日は、頭が回らないので何も考えずにできる丼弁当に。お鍋でくるくる混ぜてご飯にのせるだけなので、ほんっっとうに楽チンでした。

夜 おうちでサムギョプサル

サムギョプサル　もやしナムル　大豆
黒豆納豆　ワカメスープ

今夜は豚バラブロック肉でサムギョプサル。サニーレタスに、大葉、もやしナムル、キムチ、ソースにからめた豚肉を巻いてひと口で。旦那さんから「うんっっま!!!!」をいただきました。スタミナたっぷりで夏にはぴったりの夕飯でした。

昼 すぐできる カボチャサラダ

鶏の唐揚げ　豚バラの塩炒め　もやし
ナムル　カボチャサラダ　ブロッコリー
　お花ハム　ミニトマト

- - - - - - - - - - - - - - - - - -

お肉を詰めて、「野菜のおかずがない!!」
ってなって、今日は作りおきのカボチャ
煮もなかったのでどうしようかな〜と
冷凍庫開けたら、カットしたカボチャ
ストックがあったのでサラダに。カボ
チャをレンジでチンしてつぶして、マヨ
ネーズ、クリームチーズと和えるだけ。

夜 圧力鍋で 時短チキンカレー

チキンカレー　サラダ　ナン

- - - - - - - - - - - - - - - - - -

時間のない日は、パパッとカレー（ちょっ
と質素な食卓で失礼します）。最近ずっ
とビーフカレーだったから、久しぶり
にチキンカレーに。いつも通り圧力鍋
で作ったので超時短。圧力鍋さんいつ
も助けてくれて本当にありがとう。

▶ 2017/05/31

昼 健康診断の日の
お弁当

チーズハーブカツレツ　玉子焼き　カ
ボチャ煮　しめじとウインナーのバター
しょうゆ炒め　ブロッコリー　くるく
るチーズハム　ミニトマト　南高梅と
ごま塩ご飯

- -

今日は職場の健康診断なので朝ごはん
抜き。といいつつ、忘れて紅茶飲んじゃ
いました。早くごはん食べたい……(笑)。
今日もいい日でありますように。

▶ 2017/06/01

昼 我が家で大活躍の
はんぺん

はんぺんのそぼろはさみ焼き　煮玉子
　麺つゆ厚揚げ　カボチャサラダ　ブ
ロッコリー　ミニトマト　白米と玄米
(7：3で)

- -

今日は冷蔵庫に残っていたそぼろ甘辛
煮を、はんぺんにはさんで焼いただけ
の超かんたんメイン。ただ、旦那さん
がこれ大好きなので喜んでくれること
間違いなしです。はんぺんは、低脂質
でタンパク質たっぷりなので、筋肉オ
タクさんにはもってこいの食材。

14 佐久間桃子さん
Sakuma Momoko

➡ Instagram user name 「mmk16128」
https://www.instagram.com/mmk16128/

家族構成	
1人暮らし	
食費について 自炊では毎月1万〜1万5千円に抑えるようにしています	1日のうち調理にかかる時間 20〜30分

一汁一菜をベースに、おみそ汁とご飯で作る献立。

1人暮らし初心者の20代女子。都内で受付業をしています。ある日、土井善晴さんの『一汁一菜でよいという提案』の本を手にとったことがきっかけで、週末にがんばって何品も作りおきしていたスタイルとはガラリと変わりました。毎日たっぷり野菜のおみそ汁とお米があれば十分。おかずで悩むことはなくなり、毎日作りたてごはんを食べています。

▶ 献立へのこだわり
一汁一菜をベースに、具だくさんのおみそ汁を必ずつけるようにしています。

▶ 献立の決め方
お米と具だくさんのおみそ汁に、そのとき食べたいおかずを作ります。

▶ 2017/04/25

朝 みそバターホイル焼き

サケときのこのみそバターホイル焼き　納豆　キャベツとブロッコリー、菜の花、もやしのみそ汁　玄米ご飯

今日は早起きしてお掃除から始まり、歯医者に行って買い物に行って……。気付いたら2万円分も洋服を買っていて、「節約しよう」って昨日思ってたところだった、のに、みたい、な。

朝 ゆるゆる
糖質制限ごはん

ゆで玉子　具だくさんみそ汁（豚肉、キャベツとブロッコリー、トマト、長ねぎ）

昨日から謎のやる気が湧いてきて、今日からあらためてゆるゆる糖質制限していこうかなと思います。そう、ポイントは「ゆるゆる」。無理をしないということ（笑）。

夜 ゴーヤ
チャンプルー

ゆで玉子／ゴーヤチャンプルー／納豆／キャベツと菜の花、もやしのみそ汁

今夜は朝から絶対に作ろうと決めていた、ゴーヤチャンプルーでございます♡♡　たまたま見つけた土井善晴さんのゴーヤチャンプルーのレシピ！　本当にリスペクト、土井先生のレシピはどれもおいしい♡

▶ 2017/05/06

昼 新玉ねぎづくし

玄米ご飯　新玉ねぎと豚肉炒め　キャベツと新玉ねぎ、もやしのみそ汁

箸の置き方、ちょっと曲がってるし。そして今月は富士山の箸置きを。お昼ごはん。全体的に白い。新玉ねぎおいしかった〜〜！　新玉ねぎの常備菜を作ったり、新玉ねぎ麹を仕込んだりもしました（^^）
さて、ちょっとそこまでお買い物、行きますか！

夜 新玉ねぎブーム

新玉ねぎとツナのサラダ　納豆　ぶりの塩焼き　キャベツとブロッコリー、もやしのみそ汁

今日は17時半には夜ごはん食べちゃってました〜〜。水にさらさなくても生で甘い新玉ねぎ。やっぱり旬のものってすごい！

▶ 2017/05/07

夜 まだまだ続く新玉ねぎ

新玉ねぎの丸ごと肉詰め　納豆　キャベツと菜の花、もやしのみそ汁

こんばんは。今日も今日とて新玉ねぎメニュー！
これ実は、中の肉に火が通らなくて、結局お肉だけ取り出してレンチンして、もう一度詰めました（笑）。
新玉ねぎブームはまだまだ続きそう……（^^）

▶ 2017/05/12

 初めての粕汁

ゆで玉子　納豆　粕汁

ど━━━うしても、夜、食べ過ぎてしまう負のスパイラルから抜けられなくて、夜は決めた献立でいこうと決めました◎　汁物、納豆、今回はゆで玉子だったけど、好きな小鉢をひとつ。この3つをベースにした夜ごはんに、決めた。そして初めての粕汁。

▶ 2017/05/15

 仕事前だけどニラ、キムチ

ひじき玄米ご飯　豚肉、きのこ、ニラ炒め　キムチ　みそ汁

朝からニラとキムチ。このあと普通に仕事でしたが、気にしません（笑）。昨日ニラを安くゲットしたので、早く食べたくて（笑）。明日は久々のお休み！　何をしようかと、今からワクワク。

▶ 2017/05/16

朝 高級京粕漬けを完食

ひじき玄米ご飯／京粕漬け／キャベツと大根、にんじん、しいたけのみそ汁

以前、仲良しの主婦のお客様が「1人暮らしがんばってね〜」と、京粕漬けの切り落とし詰め合わせをくださいました♡　しかもこれ、切り落としの詰め合わせとはいえ、とても高級品……！　も━━━う、めちゃうま。自分でもビックリしたんだけど、おいし過ぎて全部食べてしまった（笑）。

昼 **焼きザケ定食風ランチ**

ひじき玄米ご飯　乳酸キャベツ　焼きザケ　キャベツと大根、にんじん、しめじのみそ汁

最近魚ばかり食べてる。冷凍されてるサケが家に大量にあります♡　一昨日から、夜以外は玄米モリモリ食べることにしました。今まではお茶碗半分くらいにしていたのですが、結局足りなくて、間食しちゃう負のループ。ちゃんとご飯を食べていれば、間食もなくなる！

夜 **夜はネバネバ冷や奴で！**

冷や奴（納豆、オクラ、キムチ、大葉、かつお節）　ゆで玉子　粕汁

あともうひとつゆで玉子食べました。今までだったらまだまだ食べてた、けど、これで満足できた……！　正しい満腹感！　今までの自分がどうかし過ぎてた（笑）。健康的、いい感じ——っ。

▶ 2017/05/22

今日も一汁一菜

朝

ひじき玄米ご飯　乳酸キャベツオリーブオイルがけ　具だくさんみそ汁（キャベツ、大根、にんじん、しめじ、しいたけ、もやし、油揚げ）

- -

昨日アサリをゲットして、今朝、砂抜き。手が磯臭い……（´ー｀）　アサリの佃煮を作るので、煮汁はおみそ汁に。今日も今日とて一汁一菜！

▶ 2017/05/23

チーズと小ねぎ入り玉子焼き

朝

ひじき玄米ご飯　乳酸キャベツオリーブオイルがけ　玉子焼き／粕汁（キャベツ、大根、にんじん、しめじ、しいたけ、油揚げ）

- -

ゆったり休日晴天＼（^o^）／　時間あるし魚を焼こうと思ったんだけど、小ねぎを消費したくて玉子焼きに◎玉子焼きの味付けは、作っておいた玉ねぎ麹、そしてとろけるチーズで。

▶ 2017/05/24

あるものが入った粕汁

朝

ひじき玄米ご飯　乳酸キャベツ　リケのみそ漬け　粕汁（キャベツ、大根、にんじん、しめじ、しいたけ、油揚げ、糸寒天）

- -

今朝は粕汁にあるものを入れてみました！　あるものとは、糸寒天です。昨日実家で持たせてもらいまして。スーパーフードとしてテレビで紹介されていて、どうやら若返り菌を増やしてくれるみたいです◎　腸内環境も改善されるので、これから粉寒天を日常で取り入れてみようかなぁ、と。

▶ *mini column*

これからの献立

基本的にラクしたいと思ってしまうので、手の込んだものはあまり作りません。ですが、今後は手の込んだものも作ってみたいです。

ご飯とおみそ汁に、時短で作りたてを食べられるものをメインにして。

15 あやたまさん
Ayatama

Instagram user name「ayatama88」
https://www.instagram.com/ayatama88/

家族構成
1人暮らし

食費について
毎月5000〜7000円くらい。
よく驚かれます。おやつ
代も入っています

1日のうち調理にかかる時間
30分くらい

野菜中心の
常備菜で、
お昼ごはんを
しっかり丁寧に。

福岡県在住。パン屋勤務。朝2〜3時起床、昼帰宅、夜早く就寝、な生活を送っているのでお昼ごはんがメインの食事となっています。お昼にしっかり食べて夜は軽め。1人暮らしだからこそ、丁寧な食事を心がけています。少しでも野菜不足を補うため、野菜中心の常備菜3〜4品を作りおき。マンネリ化しないよう、色々なメニューに挑戦しているところです。

▶ 献立へのこだわり
1人暮らしなので基本的に節約ごはん。それでも品数多めがこだわりです。

▶ 献立の決め方
肉料理の次の日は、なるべく魚料理にしたいと心がけています。

▶ 2017/04/18

昼 あっさりめのメインで

白身魚と野菜のレンジ香り蒸し　カボチャと厚揚げのそぼろ煮　オイキムチ　アサリの潮汁　ご飯

今日のお昼ごはんは、瀬尾幸子さんのレシピ。ねぎやにんじん、しょうが、にんにくをたいに散らしてレンジでチン。メインがあっさりめなので、ちょっとコッテリなカボチャと厚揚げのそぼろ煮を合わせました。

▶ 2017/04/19

昼 ひと味違う
肉じゃが

豚肉と新じゃがの揚げ煮　ご飯

今日のお昼ごはん。一度揚げる手間は
ありますが、オイスターソースが少し
入る分、肉じゃがとは違う甘辛味でお
いしい。クタクタのねぎもおいしい。
コロコロ新じゃがもかわゆい。最近箸
置きをひとつなくしてしまったので、
有田陶器市か沖縄でお気に入りが見つ
かったらいいな。

▶ 2017/04/20

昼 減らないアサリを
使って

サケとひらたけのおろし煮　アサリの
ピリ辛あんかけ　にんじんしりしり
油揚げの煮物　ご飯

今日のお昼ごはん。最近はまいたけに
加えてひらたけもお気に入り。アサリ
はピリ辛の中華あんかけ味。せっせと
アサリを食べてますが、前回の潮干狩
りの戦利品2.6kgはさすがになかなか減
りません。でもまた行く（笑）。

昼 **塩サバ定食風
ごはん**

塩サバ　野菜の厚揚げ巻き　カボチャ
と厚揚げのそぼろ煮　蒸し鶏と野菜の
和え物　アサリの潮汁　ご飯

今日のお昼ごはん。無性に塩サバが食
べたいモードに。あとは常備菜たちと
野菜の厚揚げ巻き。薄く切った厚揚げ
でえのきとにんじんを巻く→焼く→お
かかしょうゆ味で仕上げ→うまーい。
しかしながら、思いつきで作りました
が、地味に面倒臭いのでもう二度と作
りません。

昼 **なす入りえびの
チリソース煮**

えびとタラのチリソース煮　にんじん
しりしり　油揚げの煮物　オイキムチ
ご飯

えびとタラのチリソースには、さらに
なすも入れてボリュームアップ作戦。
私は定番のえびよりもタラとなすのほ
うが好きかも。我が家のにんじんしり
しりの味付けは塩のみ。にんじん臭さ
もなく、甘みが出て最近のお気に入り
常備菜のひとつ。

▶ 2017/04/23

朝 久しぶりの
猫ちゃんご飯

深川めし

今日の朝ごはんは深川めし。みそベー
スのアサリだしをご飯にかけたもの。
いわゆる、みそ汁ご飯のねこまんま（実
家では「猫ちゃんご飯」って呼んでい
た）。数十年ぶりに猫ちゃんご飯食べ
たけどやっぱりおいしい。さぁ、今日
も潮干狩りがんばるぞ。

▶ 2017/04/24

昼 サケの塩焼き
定食風

サケの塩焼き　厚揚げと野菜の煮物
ゆで豚　オイキムチ　アサリのみそ汁
ご飯

昨日の潮干狩りは1.8kgでしたが、大粒
アサリが多くてそれなりに満足♡　今
年は合計5.7kgのアサリをゲットだぜ。
そして昨日の疲れが残っているので、
今日はかんたんにサケを焼いて、常備
菜の筑前煮風の厚揚げの煮物をつけた
楽チンごはん。常備菜さまさまです。

▶ 2017/04/25

昼 かんたんパエリアと フィッシュ＆チップス

アサリのパエリア　フィッシュ＆チップス　ビール

パエリアは「みんなのきょうの料理」の新屋信幸さんのレシピ。トマトベースに刻んだにんにくと菜の花を追加しました。かんたんだけど、アサリのいいだしがきいておいしかった。もう1品はフィッシュ＆チップス。衣にビールが入るのが何だか贅沢。衣は軽くてカリッカリ。白身魚はフワフワで下味なしだけど、ケチャップをつけなくても十分おいしい。

▶ 2017/04/26

昼 旅行前の 冷蔵庫整理ごはん

厚揚げ入り麻婆なす　カボチャと車麩の煮物　にんじんしりしり　酢れんこん／ご飯

旅行前なのでせっせと冷蔵庫の整理中。酢れんこんとにんじんしりしり、車麩入りカボチャの煮物。野菜が多い〜肉よこせ〜。

▶ 2017/04/27
ずっと作りたかったレシピ

アサリのあんかけ和風オムライス　キャロットラペ　お茶

オムライスの中はむいたアサリと菜の花、じゃこのご飯。
アサリのだしがベースのあんをかけました（薄口しょう
ゆ使用なのであんが見にくくてすみません）。アサリが
あるうちに作ってみたかった思いつきメニューなので、
ちょっと玉子が焦げたけど満足満足♪

▶ 2017/04/28
ウスターソースだけでおいしい

新玉ねぎと牛肉のソース炒め　牛肉のたたき　カボチャ
と車麩の煮物　酢れんこん　ご飯

メインは「みんなのきょうの料理」の河野雅子さんのレ
シピ。まいたけを追加投入。牛肉の下味に塩・こしょう
する以外は、味付けはウスターソースのみ。我が家はな
かなかウスターソースが減らないので使えて助かるわ〜。
玉ねぎの甘みがしっかり出てるので、少しあっさりめな
牛丼みたいな味でおいしかった。常備菜にもよさそう。

▶ mini column
これからの献立

うまく野菜を使いこなせていないので、
いつかヴィーガン料理にチャレンジし
てみたいです。

▶ 2017/04/30
汁なしちゃんぽん

焼きちゃんぽん

キャベツは入れずにもやしたっぷり。汁なしでもちゃんぽん
独特のあの味でおいしかった。焼きそばより好きかも。器は
昨日有田陶器市で購入した、川口武亮さんの灰釉楕円リム
深鉢。B品狙いで今年は朝6時半前に着いたので余裕ぶっこ
いていたら、武亮さんのブースにはすでに20人くらいの先客
の方々がいて早くもオープン！　出遅れに焦りつつも6点
お買い上げ♡　六音窯さんのタコ足の箸置きもお気に入り。

ベランダで野菜を育てています。
12月には白かぶをついに収穫。

なすさん
Nasu

➡ Instagram user name 「nasu0105」
https://www.instagram.com/nasu0105/

家族構成	
1人暮らし	

食費について	1日のうち調理にかかる時間
休日に2時間程度の作りおきをして、平日は30分程度に	朝食15分以内、夕飯30分から1時間半

目指すは母の味。
食べたいものを
バランスよく
とれるごはんを。

地元を離れ、本州の西端で1人暮らしをする大学生。やるべきことが盛りだくさんな日々のなか、料理をしているときだけは無心でひたすらに楽しんでいます。目指すは母の味。「うまい！」と言われるようなごはんを作りたい！　日々挑戦です。休日にたくさん作りおきをして、平日にできるだけ手間を省けるようにしています。食べたいものを食べて、かつ偏りのないように調整しています。

▶ 献立へのこだわり
意識して野菜を多く摂るようにしています。
▶ 献立の決め方
基本的に食べたいものを食べる！

▶ 2017/04/03

 お母さんの味の
ワンプレートランチ

温玉のせひじきチャーハン　サラダ　ミニトマト

引っ越しが済んでひと段落の今日は、ワンプレートランチです。お母さんがよく作ってくれていたひじきチャーハンが無性に食べたくなって、ひじき煮を大量に作りました！　大好きなお母さんの味になりました。温玉もいい感じのとろけ具合でハマりそう……。

▶ 2017/04/04

昼 肉じゃがで
定食風ごはん

肉じゃが　ひじき煮　豆腐とワカメの
みそ汁　白ご飯

- -

作りおきのひじきさんも添えて、肉じゃ
が定食。スナップえんどうは色が鮮やか
になるように別ゆでしています。ちょっ
と奮発して牛肉使ってよかった！　満
腹！

▶ 2017/04/05

朝 常備菜で
シンプルごはん

温玉のせご飯　ひじき煮　豆腐とワカ
メのみそ汁

- -

今日は久しぶりの学校。気合を入れる
ために、どハマり中の温玉のせご飯で
朝食です。学校が始まると春休みのよ
うに自炊をする時間がなくなってしま
うのが悲しい……。

▶ 2017/04/06

昼 手作りロールキャベツ

ロールキャベツ　豆腐と絹さやのみそ汁　ご飯

ハンバーグのタネを多めに作って、半分をロールキャベツにしました。味に飽きたらお母さんに教えてもらったホワイトソースアレンジも作ってみよう！冷蔵庫にあった、トマトやらウインナーやらも投入して、食材を使いきろう作戦です（笑）。

▶ 2017/04/07

朝 白パンとサラダで
ワンプレート

白パン　旬サラダ　ミニトマト　ヨーグルト

もっちもちの白パンをスーパーで見つけて即購入。マーガリンだけなのにものすごくおいしかった！朝からおいしいものを食べて元気が出ました。

▶ 2017/04/08

昼 まかないのメンチカツで
総菜パンに

メンチカツバーガー　ヨーグルト　ブルーベリージャム

バイト先でいただいたまかないのメンチカツを、白パンにはさんでメンチカツバーガーを作りました。オーロラソースをたっぷりかけて、我ご満悦。最近ヨーグルトにブルーベリージャムをかけて食べるのにハマってます！

▶ 2017/0+/09
手作りグラタンパン

グラタンパン　旬サラダ　ヨーグルト

ロールキャベツのアレンジ用に作ったホワイトソースの余りを使って、グラタンパンを作りました！　これはまだまだ改良の余地があるな〜。ついに新学期が始まってしまいます……。

▶ 2017/0+/11
白いワンプレート

ポテサラサンド　コーンクリームポタージュ　ヨーグルト

昼

近くのパン屋さんで発見した白いポテサラサンド！　温めて食べるとおいしいみたいで、実践してみました。めちゃめちゃおいしくて、あれから何度も食べてます○いいパン屋さん見つけたな〜。

▶ 2017/04/12
シンプル朝ごはん

玉子パン　ハムサラダ　コーンクリームポタージュ　ヨーグルト

朝

パンにハマり気味の最近。外食も増えて食事管理がおろそかになりつつあります。ということで、今日からちゃんと食事管理。外食の誘惑に負けませんように！　でも、朝はしっかりエネルギーをチャージして行ってきます！

▶ *mini column*
これからの献立
品数をもっと増やしたい！

野菜だけの和食メニューの日。ゆかりご飯、豆腐のみそ汁、塩ゆでオクラ、こんぶ豆、焼きなすのしょうがマリネ。

 2017/04/15

昼 **デリ風パンランチ**

ビーフシチュー　塩パン　ダブルチーズパン　ハムサラダ

先日の食事管理の勢いはどこに消えてしまったのか、パンだらけの日々を送っています。今日も今日とてパンランチ。勉強にバイトにサークルに毎日充実しているのはうれしいけれど、体調を崩しがちです。元気になるごはんを作ろー！

 2017/04/20

昼 **冷蔵庫お掃除でささっとランチ**

和風塩焼きそば

冷蔵庫お掃除の日。余っていた食材を使って、ささっと仕上げました。そろそろお母さんのごはんが恋しくなる時期です。

夜 シンプル
　和食ごはん

なすとピーマンのピリ辛みそ炒め　玉
ねぎと豆腐のみそ汁　ご飯

- -

久々に和食を食べたくなって、料理本
で見つけたみそダレを使った炒め物を
しました。うちのおみそ汁は薄めの味
付けですが、かつお節のだしがきいて
いてとてもおいしいです！　具材はシ
ンプルに豆腐と玉ねぎ！

▶ 2017/04/25

昼 初めての
　手作りキッシュ

ほうれん草とベーコンのキッシュ

- -

春休みに行ったおしゃれなカフェで食
べた絶品キッシュを再現したくて、キッ
シュ作りに初挑戦！　さすがに生地か
ら作るのは諦めましたが、なかなかの
でき栄え。満腹、満足です！

17 EwaYuri さん
EwaYuri

➡ Instagram user name 「ewayuri」
https://www.instagram.com/ewayuri/
「EwaYuri食堂〜日本のおうちでハワイごはん」
http://ameblo.jp/ewayuri/

家族構成	
アメリカ人の夫、自分、長女13歳、長男9歳、愛犬2匹	
食費について 食費は特に定めてはいませんが、なるべくお買い得な品物を購入しています	1日のうち調理にかかる時間 写真を撮りながら作るので、大体40分くらい

ハワイでの暮らしを生かしたごはんを。

　もうすぐ40代の主婦です。現在は横須賀市在住ですが、その前はハワイに11年間暮らしていました。9カ月ほどフロリダにも暮らしたことがあります。アメリカンな家族のため、日本×アメリカンな食材でインターナショナルなごはんを作っています。ちょっと前まで横須賀基地内の自宅でハワイスタイルのプレートランチを販売しておりました。

▶ 献立へのこだわり
なるべく低予算に抑えつつ、家族を喜ばせるのが目標です。家のごはんが一番おいしいと思ってもらえるように、できる限り手作りの献立に。

▶ 献立の決め方
基本は家族が好きなものを作るようにしています。

▶ 2017/04/20

 子どもたちも
大好きなパスタ

カニのトマトクリームパスタ　サラダ

オリーブオイルでにんにくと玉ねぎを炒めて、ダイスカットのトマト缶詰と水を少し入れて煮つめ、塩、こしょうと隠し味に砂糖を入れて、生クリームでソースを仕上げます。ゆでたパスタとカニの身を入れて、さっとからめました。うっまーい。

左上：お料理を自分のお皿に取
り分けて。　右上：BBQチキン
とソース多過ぎのマカロニチー
ズ。　左下：定番のおいしさ、
コールスローサラダ。

 2017/04/21

夜 アメリカンな
晩ごはん

ベイクドマカロニチーズ／BBQチ
キン／春キャベツのコールスロー
／トマトサラダ

今日はアメリカーンな夜ごはん。
息子がマカロニチーズ大好きだか
らソースを多めに作ったら、「今日
のはチーズソース多過ぎない？」っ
てツッコミが入った。「チーズ ガ
オオスギル マカロニチーズ ナン
テ ソンザイ シナイ」と、旦那が
ツッコミ返しをしてくれました。
私もまさかそんなこと言われるな
んて思ってもみなかった（笑）。

▶ 2017/04/23

 野菜たっぷりのステーキ

サーロインステーキサラダ　ケサディヤ

日曜日の夜ごはんはサーロインステーキサラダ＆ケ
サディヤでした。旦那が恒例の体重測定前プチダイ
エット中なので、野菜をいっぱい食べたいというリ
クエスト＆子どもたちはサラダだけじゃ物足りない
と思ったので、ケサディヤ（チーズなどの具材をト
ルティーヤではさんで焼いたもの）を添えました。

▶ 2017/04/24

 お友達とランチ会

かぶの葉の浅漬けとアボカドしらす丼、温玉のせ
ザーサイと豆腐のサラダ

久々にお友達を呼んでおうちランチ会。メインは丼。
ポタージュで使わないかぶの葉っぱは、塩でもんで
から白だしに漬けておきました。発芽玄米入り雑穀
ご飯の上に、細かく刻んだかぶの葉の浅漬け、ミョ
ウガをのせて、しらすとアボカド、温玉をのせて丼
にしました。奥にあるのはザーサイと豆腐、きゅう
り、トマト、レタスに食べるラー油をかけたサラダ。

昼　ヘルシーなポタージュ

かぶのポタージュ白みそ仕立て＆ほうれん草ペースト

ランチ会には出産直後のお友達が遊びにきてくれる
ので、なるべくヘルシー献立を。鬼怒川へ旅に行っ
たときにおいしかったスープを真似て作った一品。
かぶを牛乳と「茅乃舎だし」でゆっくり煮てやわら
くしてから、フードプロセッサーでなめらかにして、
白みそと塩で仕上げました。ほうれん草とオリーブ
オイル、粉チーズで作ったペーストを添えて。

▶ 2017/04/26

 肉汁につけて食べる
サンドイッチ

フレンチディップサンドイッチ サラダ

ローストビーフをはさんだサンドイッチを、「au jus」と呼ばれる肉汁にディップス（つけ）しながら食べるスタイルのサンドイッチ。ローストビーフを焼いたときに出た肉汁を使いました。薄くスライスしたローストビーフにプロボロンチーズをのせてトーストして、たっぷり肉汁を染み込ませていただきました。家族に好評。特に旦那。

▶ 2017/04/28

 マグロカツプレート

マグロカツ サラダ ご飯

スーパーでキハダマグロが1さく480円と安かった。刺身があまり得意じゃない息子のため、生ではなくマグロカツにしてみた。息子のは中まで火を通して、私のはレアで仕上げました。しそが1枚ついていたので、マグロと重ねて一緒に衣をつけて揚げました。

▶ 2017/04/30

 日本の春とハワイの味

アヒポキ

日本の春×ハワイ＝Poke（ポキ）。旬の新玉ねぎと生ワカメを使ってアヒ（マグロ）ポキを作りました。生でおいしい新玉ねぎはPokeにぴったり。ハワイではアヒポキにはLimu（海藻）を入れるけど、あの独特の食感のものが日本ではなかなかないので、今回は旬の生ワカメで作ってみました。新玉ねぎの甘みがとてもおいしくて、ワカメのコリコリともとても合いました。

 **ポキに揚げそばを
トッピング**

Poke丼

- - - - - - - - - - - - - - - - - - -

従兄弟が営む蕎麦屋に行って、揚げそばを買って帰りました。そのままで食べてもおいしいんですけど、サラダに入れたりしてもおいしい。今回はPoke（ポキ）丼に散らしてみました。カリカリがすごくいいアクセントになってうまーい。ちなみに北品川の「東海道品川宿そば処 いってつ」で売ってます。

 **チキンココナッツ
カレープレート**

チキンココナッツカレー　ガーリックサフランライス　マカロニサラダ　ロールパン

- - - - - - - - - - - - - - - - - - -

鶏むね肉、ココナッツオイル、ココナッツミルク、玉ねぎ、にんじん、しょうが、ヨーグルト、はちみつ、S&Bカレー粉の赤缶、シナモンなどが材料のヘルシーカレー。ガーリックサフランライスを添えて。かなりヘルシーな材料ばかりですが、水分はココナッツミルクとヨーグルトだけなので、仕上がりは濃厚です。

▶ 2017/05/08　
アジアンうどんすきしゃぶしゃぶ
しゃぶしゃぶ（うどんスープ・アジアンスープ）

先日しゃぶしゃぶを食べに出かけたら、GWということもありかなりの混雑。我が家の行列嫌いな男性1名が難色を示し断念。残念無念なので、翌日は家でしゃぶしゃぶ。スープはうどんスープと、ココナッツミルクベースのアジアンスープ。冷凍のうどんを入れて、豚肉でしゃぶしゃぶしながらいただきました。これ、我が家では定番の味です。

▶ 2017/05/09　
新玉ねぎで手作りシュウマイ
シュウマイ　サラダ／雑穀ご飯

ハワイでは「Pork Hash（ポークハッシュ）」という名前でおなじみのシュウマイ。ハワイのセブンイレブンでも「マナプア（肉まん）」と一緒に売ってます。スーパーでもおいしいの売ってるんですけど、ハワイのセブンイレブンで売ってた大きなシュウマイが食べたくて手作り。いっぱいできたので、明日のお弁当はシュウマイ弁当で決まり。

▶ 2017/05/11　
ビーフストロガノフ風
ビーフストロガノフ／サラダ　雑穀ご飯

米国産牛バラスライスがお買い得。国産牛肉もおいしいけど、アメリカ産のお肉もおいしいんです。これまたお買い得なしめじとエリンギをたっぷり入れて、ビーフストロガノフを。夫からは「ビーフストロガノフ ニ コメ ハ ジャドウ。ヌードル デショ〜〜!!」というコメントがきたけれど、米を愛する日本人はビーフストロガノフにも米です。米は何にでも合うんです。

▶ *mini column*
これからの献立

もっと色んな味に出会って、それを自分の作る料理に生かしたいです。作るのも大好きですが、外食も大好きなので、外でおいしいと思ったものをできる範囲で、自宅で作ってみています。そのためにも（?）、もっと旅行や外食に出かけたいです……予算が許す限り（笑）。

パスタもレストランで食べるような本格派。

➡ Instagram user name「77.yuki_」
https://www.instagram.com/77.yuki_/

家族構成	
夫と自分、息子23歳、娘18歳	
食費について	1日のうち調理にかかる時間
週1回まとめ買い12000円 +足りない食を500〜1500 円で買い足し	20分〜1時間

家族のために
彩りよく、
バランスのとれた
楽しい食卓を。

フ ルタイムで共稼ぎ、2交代制のお仕事で
す。通勤30分でバタバタな毎日ですが、
「仕事も食卓も楽しく」をモットーに、がん
ばる家族へのごはんを作っています。休みを
利用して肉や魚の下ごしらえをしておきます。
最近では夫も巻き込んで。ホットプレート「ブ
ルーノ」を活用した料理を作っています。

▶ 献立へのこだわり
旬の食材を使うことや季節のイベントレシピをとり入れるこ
とを心がけています。年頃の娘のダイエットメニューや残り
物活用レシピも。

▶ 献立の決め方
買い物に行ったときにお買い得な食材からレシピを検索して、
家にある食材と組み合わせてブルーノを活用して作ります。

▶ 2017/03/31

夜 ブルーノでチャーハン

豚キムチチャーハン ミニ食パン スープ ぶどう

昨日は職場の歓送迎会で、顔がシワくちゃになる
ほど笑ってリフレッシュ。パンはこの前娘ちゃん
と行った、おいしいパン屋さんで買ったはちみつ
入り食パン。そして今年初のルバーブジャム!!
これ去年探して買えなかったので大満足です。

▶ 2017/04/01

大きなえびマヨで

えびマヨ　カツオのたたき　ベビーリーフとトマトのサラダ　シーザーサラダ　おから煮　大根のみそ汁　いちご

- -

バタバタ今日の夕ごはん。年度始めの今日、仕事も雑用に追われ……午後は娘ちゃんの内祝いのお返し回り！明日は久しぶりに予定のない休み。作ったのはみそ汁とドレッシングだけだけど、おっきなえびマヨネーズで大満足。

▶ 2017/04/02

いただいた酢飯で手まり寿司

手まり寿司

- -

待ちに待った週末朝活です！　今日はパンにする予定のところ、ありがたいことに酢飯をいただいたので、急遽手まり寿司に変更です。断捨離、衣替え日和！　よい週末を。

▶ 2017/04/03

チャーハンとカラフル野菜

納豆梅チャーハン　野菜色々

- -

バタバタ今日の夕ごはんは、ブルーノで納豆梅チャーハン。職場は、今日から新しい後輩たちが仲間入り。仕事がバタバタでほとんど一緒にいられなくてごめんなさい。明日はもう少し余裕を持って仕事ができるといいなぁ。

▶ *mini column*

これからの献立

身体のことを考え、魚料理や和食のレシピも勉強して上達していきたいと思います。

たまにはイナダとイカの刺身で魚をメインに。

夜 **娘ちゃんの ヘルプごはん**

ドライカレー　サラダ　ご飯　フルーツ

バタバタ今日の夕ごはん、ドライカレー でいただきます。当直明けの今日、 色々用事を済ませたら、何だか体調が ……。そんなときは娘ちゃんがいてく れる。ヘルプでドライカレーを作って もらって、色んな具材をのせてブルー ノで。とってもおいしくできました。

夜 **ブルーノで買い物 なしのごはん**

オーブン餃子

オーブン餃子でいただきます。ブルー ノで節約レシピ、買い物なしの夕ごは んです！　娘ちゃんのお友達も遊びに 来てにぎやかな食卓。見た目ぐちゃぐ ちゃだけど皮はパリパリ！　あー半分 裏返せばよかったと後悔する間もなく、 あっという間になくなりました。

 ▶ 2017/04/07

夜 **バタバタした日の**
かんたんごはん

パエリア／納豆キムチ

- - - - - - - - - - - - - - - - - - - -

バタバタ今日の夕ごはん、パエリアと
納豆キムチでいただきます。毎日、仕
事がバタバタで心病み気味。帰って娘
ちゃんにやつあたり。今になって反省。
ごめん。

▶ 2017/04/09

朝 **週末の朝ごはん**

マヨネーズハニートースト（レモンの
はちみつ漬け）／豆苗の肉巻き／キウ
イヨーグルト（ルバーブジャムのせ）
／カフェオレ

- - - - - - - - - - - - - - - - - - - -

週末朝ごはんです♡　最近の仕事は夫
婦して多忙。断捨離は思うように進ま
ず。1週間買い物しなかったけれど、
まだまだ冷蔵庫の中にごっそり残った
食材を見て自己嫌悪。今日こそホワイ
トボード買って、残り物チェック、収
納スペース確保をがんばろう。

 2017/04/10

夜 娘ちゃんの
ダイエットメニュー

たこ焼き／トマトのアヒージョ

今日も1日お疲れ様でした。バタバタ今日の夕ごはん、
たこ焼きとトマトのアヒージョでいただきます。お
好み焼きにしようと思ったけれど……娘ちゃんダイ
エット中とのこと。急遽トマトを買ってアヒージョに。

 2017/04/11

朝 入学式の朝ごはん

おにぎり／目玉焼き／飲むヨーグルト

今日は娘ちゃんの入学式です♡　新生活、がんばろ。
ブルーノのおかげで、残りご飯もあったかおにぎり
で食べられました。

 夜 お魚ワンプレート

ホッケ／ポテトサラダ／冷や奴／茶碗蒸し／豆腐の
みそ汁／納豆ご飯

バタバタ今日の夕ごはん。久しぶりにお魚ワンプレー
トでいただきます。娘の入学式とオリエンテーショ
ンに参加し、あらためて勉強の大変さを実感。気を
引き締めて、3年後の国家試験まで体調、食事管理
をしっかりしていきたいと思います！　明日からの
お弁当の下ごしらえと一緒にバタバタ忙しく作った
ら、あっという間にホッケさん焦げました。

▶ 2017/04/12

 ブルーノで
タワーチャーハン

玉子チャーハン　チョップドサラダ
ふきのとうの火練りみそ　オレンジ

今日も1日お疲れ様でした。ブルーノ
で玉子タワーチャーハンをいただきま
す。とてもうれしいプレゼントがあり、
仕事後に院内研修だったけどがんばれ
ました。

▶ 2017/04/13

 タワー風
ペッパーライス

ペッパーライス　オレンジ

ペッパーライスでいただきます。タワー
チャーハンに続き、ペッパーライスも
タワー風です♡　初めて作ったけれど、
お手軽かんたんでおいしくできました。

買い物について

毎日の献立作りに欠かせない買い物。みなさんの買い物ルールを教えていただきました。

週に一度買い物に行き、足りないものはその都度買い足しています。

週2～3回、お安いときにまとめ買い。

週に2～3回。そのうち1回は産直のお店へお野菜や卵を買いにいきます。

平日分は、肉・魚は2週間に一度、野菜は10日に一度くらいのペースで買いにいきます。週末分は別に買いにいくこともしばしば。

基本は週末にまとめ買いですが、仕事帰りのスーパーでお買い得品を見つけるのも楽しいし、テンションが上がる♪　ので、週に2回ほど仕事終わり、お迎えの時間前に行くことも。

基本は週に2度のまとめ買いですが、Web広告をチェックし、安いものがあれば息子くんとお散歩ついでに買いにいったりしています。

週末に根菜類と主菜のタンパク源になるお肉や卵、魚などをまとめ買いして小分け冷凍しています。週2回

ほど、葉物野菜などの傷みやすい食材や賞味期限の短いもの、なくなったものを買い足します。

週に1～2回、冷蔵庫が空っぽになったら行きます。

食材がなくなったら買うか、気になったもの、安いものがあれば、その都度買っています。

気が向いたらスーパーに行き、その時々の安いものを買う。

1人暮らしだと食材が余りがちなので、必要なときに最小限の買い物をします。

アメリカに住んでいたので、まとめ買いが癖になっています。その日にお買い得なもの、旬のものなどを週1回ほどまとめ買いします。

基本は週に1回まとめ買いです。当直明けにマッサージ、その後行きつけの八百屋さんで彩りのよい季節の果物や野菜を買うのが楽しみ。

食材について

頼もしいお助け食材、つい使ってしまう大好きな食材。冷蔵庫にいつもあるものは？

azuki to omochi 豚バラスライス。豚バラを巻きつけて甘辛く炊いたら何でもおいしくなると思っています（笑）。肉巻き系が大好きです。

rina お助け食材は厚揚げ、卵、トマト缶、サバ缶、挽き肉。よく使うのはじゃがいも、パン、豆、鶏むね肉です。

masayo 卵。冷蔵庫に卵が入ってないと不安になります。ツナ缶は挽き肉の代わりとしてコロッケを作ったりサラダに入れたり。

Min とにかく卵！ 卵単品で料理ができるし、子どもたちは卵料理が大好き。

kabako ところてんと冷食のえびシュウマイ。ところてんは揚げ物定食の相棒に、シュウマイはお弁当の隙間埋めに。

Seira ゆで玉子です。熱湯から9分ゆでた玉子は半熟過ぎずかたすぎず、つぶしてタルタルソースにしたり、輪切りでサラダやカレーにのせたり。半分に割ってメイン料理に添えるだけで華やかになり、とても使いやすいと最近気が付きました。

Tsuku rioki shokudo 塩麹です。時短と作りおき、両方の観点から大変おすすめです。塩麹に漬けておくと日持ちするだけでなく、お肉の旨味とやわらかさが増して一石二鳥です。

Erika 納豆、豆腐、大葉、トマトは我が家に必ずあります。あと一品！ というときに便利で、彩りも華やかに。

Sakuma Momoko キャベツ、きのこ類、もやし！ 安くておいしくて、何にでも変身できる、1人暮らしの味方です。

Aya tama 厚揚げと困ったときの塩サバ。

Ewa Yuri ハワイの「Alaea Salt」というシーソルト。赤土成分の入ったシーソルトがとてもおいしくて、ハワイから引っ越すときに買いだめしてきました。ソルトグラインダーに入れて、食卓にも置いています。あとはガーリックパウダー。これはかなりの頻度で使っています。

yuki 卵と豚肉です。どちらも週末の買い物で必ず買います。毎週日曜日に卵1パック128円のお店があるので欠かさず買います。

得意料理について

食卓にあるとうれしいものから、家族に好評なものまで。みんなのベスト料理が勢ぞろいです。

azuki to omochi
玉子の肉巻き。
大好物でよく作ります。

mika
唐揚げ、ポテトサラダ、肉じゃが。唐揚げはしょうゆ、酒、にんにく、しょうが、ごま油で下味を付けて2度揚げします。

rina
色々作りますが、ひと言でいうと家庭料理です。「この食材とこの味付けは合うかな？」など、日々研究しています。

masayo
だし巻き玉子。

Shizuka
しょうが焼きや、ハンバーグ、唐揚げ、煮物など、定番の家庭料理が得意です。そのほか、冷蔵庫にあるもので作るパスタも得意です。

Min
タイに2年ほど住んでいたのでタイ料理は作るのも食べるのも大好き。ただ、家族は辛いタイ料理が苦手なので、アレンジして辛くないものを作ることも。ホットケーキミックスを使ったおやつ作りも好きです。家族から安定して人気がある料理は玉子焼き。我が家は甘めの玉子焼きで、これは少し自信があります。

Tsukurioki shokudo
燻製です。豚の塊肉を熟成させて燻すベーコンが大好きで、子どもが生まれる前はよく作っていました。ただ、庭やベランダ、理解ある隣人が必須条件なのでブログには登場しません。

Erika
カレー、肉詰め、親子丼。

Sakuma Momoko
具だくさんみそ汁！

Aya tama
適当に作る大根や厚揚げなどの地味な煮物。母親にも褒められます。

Ewa Yuri
ハワイスタイル、アメリカスタイルの料理が得意です。ちょっと前までやっていたプレートランチのお店では、唐揚げにソースをからめたスイートチリチキン、チキンカツ、ロコモコ、チキンココナッツカレーなどがアメリカ人、日本人のお客様ともに人気のメニューです。もちろん家族にも好評です。

yuki
ブルーノを使ったかんたんレシピでしょうか。

調理道具について

毎日の献立作りに欠かせない、愛用の調理道具について教えてもらいました。

column みんなの献立トーク

---

mika 野田琺瑯は作りおきや下ごしらえでよく使っています！ お鍋はル・クルーゼやストウブなどを愛用。

rina 祖父に買ってもらった包丁とお気に入りのエプロン。スキレット、シリコンスチーマーも愛用。

masayo パンケーキを焼くときは10年愛用している釜定工房のシャロウパンを、ご飯を炊くときにはストウブの「ラ・ココット de GOHAN」を使っています。

shizuka 野田琺瑯と無印良品の琺瑯容器、「ジップロック」はなくてはならないもの。作りおきはもちろん、夫婦2人暮らしのため、何かと消費が遅くて傷みがちな食材の保存に愛用。

Min タッパーは本当に優秀。保存はもちろん、卵液を混ぜたり、和え物を作ったりなどに活躍。サイズ違いで使っています。フライパンは大きめサイズを愛用。目玉焼きを焼いて、隙間で野菜とソーセージを焼くなど、一度に調理できます。

Seira 牛乳パック。揚げ物のときに切り開いてバット代わりにしたり、まな板代わりにしたり、使って捨てるので便利。押し寿司や焼き菓子作りのときもお世話になってます。

Erika ティファールの圧力鍋を愛用しています。仕事から帰ってきてからでも、どんな料理も圧力鍋があればすぐに調理可能で、放っておいて別のものも作れるので欠かせません。

Sakuma Momoko おみそ汁作りに必須の片手鍋。そして具だくさんみそ汁に欠かせないのが、通常サイズより少し大きめのお椀。

Aya tama 定番ながらストウブ鍋。小さい頃からガス炊きご飯で育ってきたので、炊飯には欠かせません。

Ewa Yuri oxoのサラダスピナーは、これを使うとサラダが断然おいしくなります。「Crockpot」はアメリカではよく使われる調理器具で、日本でいうスロークッカー。煮込み料理に便利です。そしてBBQグリル。これで焼くと香りが違います。

yuki やはり、ホットプレートの「ブルーノ」です。

オンラインメディア
「 みんなの暮らし日記 ONLINE 」➡
やってます！

『**み**んなの朝食日記』『みんなの家しごと日記』『みんなの持たない暮らし日記』『みんなのお弁当暮らし日記』……大人気シリーズ「みんなの日記」が、ウェブサイトになりました！

　家事、暮らしを大切に、きちんと丁寧に、そしてシンプルに楽しみたい人を応援したい！というコンセプトで料理や掃除・片づけなどの家事上手で話題の、人気インスタグラマー、ブロガーさんによる記事を多数掲載。

　毎日の家事をラクに楽しくする実用的な情報に、モチベーションがアップする、ちょっとした共感ストーリーをプラスしてお届けしています。

　ぜひご覧ください！

翔泳社　みんなの暮らし日記ONLINE編集部

手放せば楽になる！不用品の仕分け方

おすすめ本レビュー
そろそろ2018年のカレンダーをと思ったら
2017年もあと4ヵ月。そろそろ来年のことも考えたい時…

海外の家事・暮らしって実際どうですか？
アメリカ式「間取り」はここが違う
ドイツ系アメリカ人の旦那様とNYに暮らすミーシャさん…

スマホでも！

➡ https://minna-no-kurashi.jp/

みんなの暮らし日記ONLINE　検索🔍

PCでも！

装丁デザイン	米倉 英弘（細山田デザイン事務所）
DTP制作	杉江 耕平
編集	山田 文恵

みんなのラクうま献立日記

作りおき&下ごしらえで、3食おいしい手作りごはん。

2017年10月2日　初版第1刷発行

著者	みんなの日記編集部
発行人	佐々木 幹夫
発行所	株式会社 翔泳社 （http://www.shoeisha.co.jp）
印刷・製本	株式会社 加藤文明社印刷所

©2017 SHOEISHA Co.,Ltd.

ISBN 978-4-7981-5340-7　Printed in Japan